창의성 교육을 위한
판타지 학교

창의성 교육을 위한
판타지 학교

Marielle Seitz · Rudolf Seitz 공저
김정희 · 김경순 공역

학지사

역자 서문

판타지 학교를 창립한 Rudolf Seitz 교수를 역자가 처음 만난 것은 1984년 뮌헨 미술대학교의 미술교육 강의 시간이었다. 역자는 온화하고 친절하게 어린이 미술교육에 대한 강의를 하시던 교수님의 모습을 30년이 지난 지금도 생생하게 기억하고 있다. 유일하게 외국 학생이었던 역자에게 가족처럼 따뜻하게 배려해 주셨고, 외국인에게 금지되어 있던 바이에른 주의 미술교사 임용고사에 응시할 수 있도록 정부의 허가를 받아 주셨다. 비록 합격 후 교사를 안 한다는 조건이었으나 미술교육 석사학위에 해당하는 시험이었기에 역자는 합격 후 뮌헨 대학교 박사과정에 입학할 수 있었다. Rudolf Seitz 교수는 항상 현장의 미술교사 및 어린이들과 교감하면서 실제 교육 사례를 중심으로 강의를 해 주셨는데, 이 모습은 역자가 현재까지 20여 년 동안 대학에서 학생들을 교육할 때 늘 좋은 모델이 되고 있다.

뮌헨 시의 지원으로 Rudolf Seitz 교수가 판타지 학교를 창립할 수 있었던 것은 그의 교사교육에 대한 깊은 애정과 특별한 대인관계 능력 때문이었다. 특히 교육에서 창의성은 실천적 지식으로 미술교육을 통해 계발해야 한다는 그의 믿음에 대해 많은 교육연구자와 행정가들이 지지하였다. 또한 판타지 학교를 운영하는 교사들의 정기적인 모임을 조직하여 교사들 간의 상호 교사교육을 활성화함으로써 미술 수업에 대한 정보를 공유하도록 한 것은 좋은 미술수업을 현장에 확산시키는 데 크게 기여했다. 이 책에 소개된 많은 사례 역시 여러 판타지 학교 교사들에 의해 실행된 것이다.

Rudolf Seitz 교수의 부인인 Marielle Seitz 역시 오랫동안 판타지 학교를 운영하였으며, Rudolf Seitz 교수의 사후에는 뮌헨 미술대학교에서 미술교육 강의를 하고 있다. 이 책은 Marielle Seitz가 남편의 판타지 학교 설립 철학 및 운영에 대한 모든 것을 총체적으로 정리한 책으로, 남편의 원고를 기반으로 자신의 연구 결과를 내용으로 제시했다. Marielle Seitz는 현재 미술교육을 통한 창의성 계발을 목적으로 창의성 연구 센터를 운영하고 있으며, 교사교육 및 판타지 학교의 한 형태로 연구소에서 '어린이 아틀리에 프로그램'을 운영하고 있다.

이 책이 집필되고 있던 2011년 겨울 Marielle Seitz가 뮌헨 대학에서 1년간 연구년을 보내고 있는 역자에게 초고를 보여 주었다. 당시 역자는 이 책이 유아들과 초등학생들에게 미술을 가르치는 제도권 교사와 방과 후 학교와 같은 비제도권 교육을 담당하는 미술교사에게 매우 유용할 것이라고 생각했다. 독일에서 책이 출간된 후 Marielle Seitz가 책을 보내 주었을 때 우리나라 미술교육의 현장 변화에 도움이 될 수 있는 책이라고 생각하여 학지사에 번역서 출판을 의뢰하였다. 이 책은 학지사의 지원과 역자와 함께 독일 뮌헨 대학교에서 수학한 김경순 박사의 흔쾌한 공동 번역 수락으로 출간될 수 있었다.

　이 책은 창의성 계발을 위해 미술교육에서 제공해야 할 교실 환경, 교구, 교사의 역할과 발문, 태도 등에 대해, 교사가 학습자의 창의성을 이끌어 내기 위해 어떤 시각으로 학습자를 대하고 어떻게 상호작용해야 하는지에 대해 구체적인 상황을 중심으로 설명하고 있다. 이처럼 이론보다는 실천적인 지식이 상황 중심으로 제시되어 있기 때문에 교육현장에서 실제 학생들을 가르치는 교사들에게 유용하게 활용될 수 있을 것이다. 이 책이 출판될 수 있도록 도움을 주신 학지사 김진환 사장님과 편집부 관계자 여러분께 진심으로 감사드리며, 미술교육에 관심을 갖고 있는 모든 분께 이 책을 바친다.

2016년 2월
역자 김정희, 김경순

머리말

Rudolf Seitz는 미술교육과 관련된 저서 출판과 '판타지 학교' 설립으로 초등학교 미술교육 발전에 누구보다도 대단한 업적을 남겼다. 그의 평생 사업은 부모와 교육학자들에게 아동의 창의력에 대해 설명하는 것이었다. 이뿐만 아니라 그의 과업은 특히 놀이를 통해 재미있고 실험적으로 아동의 창의적 능력이 발현되도록 하는 것, 즉 상상적 조형활동을 하도록 하고, 자의식을 강화시키는 방식으로 인성교육을 하는 것이었다.

Marielle Seitz가 수정하고 심화시킨 이 책의 내용은 Rudolf Seitz가 발전시킨 '판타지 학교'에 대한 이해를 도울 것이며, 동시에 이러한 이해를 바탕으로 한 다양한 활동 방안을 구체적인 활동과 함께 소개한다. 소개된 활동들은 아동들이 만든 감동적인 작품을 통해 미술교육의 목표를 분명하게 드러낸다.

아동들은 일반적으로 자신의 표현 욕구를 충족시키기 위해 자발적으로 드로잉하고 그림을 그린다. 아동들은 호기심이 있고 세계를 탐구하고 싶어 한다. 따라서 아동들은 탐구한 것을 조형적으로 표현하고, 질서를 찾아내고, 구조화한다. 조형활동이 갖는 중요한 의미 중 하나는 특정 사건을 하나의 결과물로 나타내는 것이다. 사건 각각의 장면이 종이 위에 표현되며, 이러한 과정을 통해 아동들은 집중적으로 자신의 내면세계와 소통하게 된다.

조형활동 과정에서 내적 이미지와 상상력이 자발적으로 발달된다는 사실은 매우 중요하다. 일상의 빠른 미디어 이미지들을 이해하기 위해서는 상상력이 요구되는데, 수동적으로 받아들이기만 할 경우 오히려 상상력이 약화될 수 있다. 즉, 아동이 독서할 때나 꿈꿀 때, 놀이할 때, 그림을 볼 때 생기는 상상력이 미디어 환경에서 약화될 수 있다. 아동이 이미지와 미술작품에 대해 말하는 것은 아동의 감각을 깨우고 언어 발달을 촉진시켜 준다. 미술은 새로운 해결 방안을 찾아내도록 하며, 실험과정에서 실수를 감수하고 다시 도전할 수 있는 용기를 준다. 창의성과 상상력이 촉진되면 아이디어가 떠오르고, 유연한 사고를 하게 된다. 그림을 창작할 때의 노력과 인내는 감정조절 능력을 길러 주며, 작품이 완성되면 아동들은 자신감과 자의식을 갖게 된다.

이 책은 구체적으로 어떻게 아동의 판타지와 창의성을 자극할 것인가에 대한 전략을 보여주며, 창의적인 사람의 특성에 기초한 여러 활동을 제시하고 있다. 이 활동들은 아동의 인성 형성에 영향을 줄 뿐 아니라 감수성, 유연성, 연상력, 독창성, 상상력, 즉흥성과 용기 등을 강화시킬 것이다. 물론 이러한 조형과제들은 일반적인 창의성 발달 프로그램과는 다르다. 일반적인 창의성 프로그램들은 대체로 단편적으로 하나의 새로운 문제해결 방안 탐색에 관심을 둔다.

그러나 이 책에 제시된 활동은 여러 관점을 수용하며 개별적 문제해결에 주목한다. Rudolf

Seitz의 구상은 단편적이기보다는 다양한 사고를 고려하고 있으며, 아동의 미적 능력을 발달시키는 방법에 집중한다.

창의성의 어원적 의미는 라틴어 *creare* 혹은 *procreare*로 '어떤 것을 만들어 내다.'이며, 특히 조형활동에서 유래하였다. 정신활동은 창조적 판타지 활동으로서 판타지와 창의성은 실제로 어떤 것을 창작하는 동력이다. 창의성은 어떤 하나의 조형된 대상, 화학적 형식, 악곡 등과 같은 문화적인 우수한 성과로 이어진다.

아동이 창작해 내는 각각의 새로운 성과는 문제해결, 새로운 아이디어, 독창적인 결합과 관련된 창의적 행위다. 사람들이 아동과 예술가들은 매우 창의적이라고 말하는데, 그 이면에는 그들이 창의적 인간의 특징을 보여 준다는 의미가 있다. 예컨대, 그들의 사고에는 호기심, 실험, 유희, 풍부한 상상력, 직관, 넘치는 판타지, 활동에 몰입하는 능력, 독창성 그리고 유창성이 있다. 아동은 장애와 경계를 발견하고 미적 조형활동을 통해 현실에 대해 생각한다. 특히 행동방식, 독창적 문제해결 방법에 대한 그들의 상상은 성인들처럼 엄격하게 정해져 있지 않다. 아동들은 상상하고, 노력하고, 준비하면서 창의적 과정에서 나타나는 서로 다른 점들을 수용할 뿐 아니라 분화된 지각, 구성과 표현의 질에 대한 흥미, 새로운 묘사와 표현 방법과 같은 것을 습득한다.

아동이 창의적 활동과 조형활동을 관련시키는 데에는 충분한 시간이 필요하다. 조형활동에서 아이디어의 생성을 위해 실험이 가능해야 하며, 실패 또한 허용되어야 한다. 조형활동은 주의력과 집중력을 아주 강하게 한다. 창의적 조형은 아동의 놀이와 유사하기 때문에 그들의 창의적 조형활동은 종종 몰입과 무시간성으로부터 나온다.

아동의 미술활동은 창의적 조형일 뿐 아니라 그들의 학습능력을 촉진시킨다. 이러한 사실을 밝히기 위해 이 책의 제목을 '창의성 교육을 위한 판타지 학교'로 정했다. 실제로 상상력 없이는 그 어떤 사고도 기대할 수 없을 뿐 아니라 상상과 연관된 그 어떤 활동도 기대할 수 없다. 또한 맥락적으로 질서를 발견하고 이를 분류하지 못한다면 그 어떤 구조적 사고도 기능할 수 없다. 마찬가지로 유연한 아이디어 탐색 없이 문제해결은 없으며, 노력 없는 학습도 없다. 이 책은 구체적이며 실제적인 조형활동을 중심으로 창의성 교육에 대한 구체적인 내용을 제시한다.

2012년 4월
Constanze Kirchner

차 례

1. 서문

'판타지 학교'란 무엇인가

판타지 교육 아이디어는 Rudolf Seitz가 1980년 뮌헨 시의회에 소개하면서 시작되었다. 그는 이미 그 이전부터 뮌헨에서 매주 유치원을 방문하여 아동들에게 다양한 프로젝트 중심의 창의적 수업을 진행하였다. 그래서 교육계에서 일부 사람들은 Rudolf Seitz를 '꼬마들의 교수'라고 말했다. 아동대학 같은 것이 대중화되기 전, 그는 이미 여러 해 동안 미술교육자로서 뮌헨 예술대학에서 교수활동을 하면서 동시에 아동들과 함께 작업했다. Rudolf Seitz가 뮌헨 조형미술대학에서 학장으로 6년간 활동하는 동안 그는 아동들과 함께 작업해 온 경험을 많은 교사들에게 소개했으며, 특히 도나우의 노이부르크에서의 여름 아카데미와 그가 오버바이에른의 트라운슈타인에 창립한 '판타지 학교'에서 소개했다.

지금까지 계속하여 창립된 판타지 학교에서 많은 아동은 최소한 1주일에 한 번 수업을 받고 있다.

'판타지 학교'란 명칭은 2003년 뮌헨의 학교교육위원회에 의해 고유 명칭으로 등록되었다. Rudolf Seitz는 판타지 학교 설립을 위해 아무런 조건 없이 특강, 출판, TV 방송 등의 활동을 지원했다. 여러 판타지 학교의 높은 예술교육 수준은 그의 큰 개인적 교육 업적으로 인정되었다. 인간으로서, 카리스마 있는 미술교육자로서 그는 다른 사람들을 열광시키고 고무시킬 수 있었다. 이러한 것은 '판타지 학교' 관계자 그리고 그곳에서 예술교육자로 활동하던 예술가들 간에 활발한 교류가 일어나도록 했다. 판타지 학교는 뮌헨 아카데미에서 규칙적으로 모임을 가졌다. 여기에서는 항상 열정적인 토론과 흥미로운 프로젝트에 대한 프레젠테이션이 진행되었다. 판타지 학교들의 내·외적인 교육의 질적 수준과 효과는 학교 설립자들의 인성과 매우 관련이 있다.

Rudolf Seitz는 '판타지 학교' 구상을 매우 유연하게 구성하고 아이디어를 다른 다양한 모델들과 관련시켰다. 이러한 배경 속에 노이부르크의 아동 아카데미와 몬테소리 아동 스튜디오 그리고 뮌헨 렘브란트 4번지의 어린이 아틀리에가 설립되었다. 이들은 학교 밖의 기관에서 아동의 창의성을 촉진시키는 모델들이다. 그는 특히 건축가와 교육자들과 함께 여러 학교를 계획하면서 교사들과 함께 학교 교육공간에 대한 새로운 구상을 했다.

판타지와 창의성이 가능한 한 모든 학교에 포함되어야 한다는 생각은 설립자의 의도에 들어맞았고, 학교에서의 인성교육 또한 하나의 중요한 관심사였다. Rudolf Seitz는 뮌헨 조형미술대학에서 장기간의 교수활동, 지속적인 학교교육에의 참여, 그리고 많은 저술활동을 동시에 했다. 아동의 예술활동 촉진을 위한 그의 이러한 활동들은 학부모, 예술가 그리고 교사들을 열광시켰다.

'판타지 학교' 소속은 각양각색이다. 몇몇 학교는 개인 운영자에 속해 있고, 다른 학교들은 협회 운영 아래 있다. 종종 판타지 학교를 시에서 운영하는데, 이런 학교는 시에 소속되어 있다. 학교 건물은 세를 내지 않고 사용될 뿐 아니라 공적 자금으로 강사비가 지불된다. 이러한 학교들 가운데 많은 학교는 분담금이 없으며, 그 외 다른 학교들은 기타 경비 혹은 과정 등록비를 받는다. 운영 면에서 차이는 있지만 모든 학교의 공동 목표는 아동의 판타지와 창의성을 촉진하는 것이다.

30년 전 처음 창립된 '판타지 학교'와 다른 판타지 학교들은 일정한 장소나 조직의 요건을 갖추지 않는다. '판타지 학교'는 어디에든지 있을 수 있다. Rudolf Seitz의 많은 제자는 그 사이에 미술교육자로서 정규 학교, 문화예술 경영기관, 평생교육기관에서 활동하고 있거나 혹은 Rudolf Seitz나 그의 제자들이 설립한 학교에서 강사 활동하고 있다. 또한 그를 알지 못하는 많은 교육자도 그의 책을 인용하고, 그의 창의성 교육 아이디어를 세계로 전파하고 있다. Rudolf Seitz의 본래 아이디어는 많은 정규 학교의 아동과 청소년 미술학교에 자극을 주는 것으로, '판타지 학교'는 정규 학교의 중요한 협력 파트너이기도 하다.

교육자가 아동과 함께 학교 안과 밖에서 창의적으로 활동하고, 아동들이 자신의 아이디어를 생생하게 조형으로, 감상으로, 실험으로, 언어와 춤과 놀이로 표현할 수 있도록 하는 것이 '판타지 학교'의 목표다.

물론 정규 학교에는 예술교육자들이 있다. 그들은 각 교육과정을 창의적으로 다룰 줄 알고 다양한 기회를 이용하여 아동들에게 '교과목'을 활발하고 풍부한 아이디어로 전달할 수 있다. 이들 교육자들은 지식이 단지 이론적으로 전달될 때 학습 효과가 매우 미흡하다는 사실을 안다. 현대 뇌 연구에 따르면 순수한 인지적 지식 전달은 단편적 교수 방법이고, 이러한 방식으로 학습한 것은 빨리 망각된다고 한다. 그러나 감각과 자신의 행동을 통해 전달된 것은 아동들이 실제적 경험으로 손으로 잡아서 파악하는 것과 같다. 특히 높이 평가된 예술적 조형활동은 다른 교과의 교육적 효과를 높일 수 있다. 예술 능력과 함께 우리는 지각을 촉진시킬 수 있으며, 감각을 훈련시키고, 경험을 전달하며, 손 사용 능력을 향상시키면서 동시에 뇌의 시냅스를 만든다. 미술을 통해 우리는 세계에 대한 인식을 확장하고, 창의적 경험이 조형적으로 전이되면서 우리의 개성이 형성된다. 이 모든 것은 아동의 개성과 사회성 발달에 매우 중요하다.

아동들은 본능적으로 그들의 창의적 아이디어를 적용하고 싶어 하며, 아이디어를 적용할 수 있는 공간을 필요로 한다. 그 공간에서 아이들은 새로운 생각을 하고, 새로운 것을 발견하고, 새로운 시도를 하며, 새롭게 만들 수 있다.

　　뮌헨의 창의성 교육 연구소[1]에서는 Rudolf Seitz의 아동의 창의성과 판타지 촉진 개념을 기초로 하여 여러 가지 교육 프로그램을 다양한 과정에서 실행하고 있다. 이에 흥미를 갖고 있는 교육자들은 연구소에서 그들의 창의성을 발휘하면서 발전시킬 수 있다. 그 과정에서 그들의 예술교육적인 아이디어를 더 확장시키고, 개설된 심화교육을 통해 새로운 형식으로 아동들을 위한 수업을 준비할 수 있다. 또한 정규적인 모임을 통해 강사들은 자신의 경험을 교환하고 새로운 수업 아이디어를 만든다. 정규적 모임은 Rudolf Seitz의 옛집에서 개최되므로 아주 특별한 분위기와 동기를 형성한다. 그곳에서의 심화교육과 교사 간 모임은 교과 전문성 교류를 통해 새로운 학기를 위한 활력을 만들어 준다.

　　이 책은 아동과 청소년의 창의성 촉진을 구체화시킬 것이다. 이 책은 Rudolf Seitz가 이해하기 쉽게 작성한 두 편의 소논문을 참고로 1998년에 출간한 『판타지와 창의성(Phantasie und Kreativität)』의 모든 텍스트를 이 주제에 관련된 나의 텍스트들과 통일시킨 것이다. 독자들에게 도움을 주기 위해 Rudolf Seitz의 텍스트들은 검정색으로, 나의 텍스트는 군청색으로 구별했다.

　　Rudolf Seitz의 텍스트들은 여전히 많이 인용되고 있고, 현재 많은 교육자들과 예술가 그리고 학부모들에게 영감과 자극을 주고 있다. 그것은 또한 교육 정책과 관련된 진술이기도 하다! 예술에 대한 교육적 지원은 아름다운 이미지 표현을 앞지른다. 예술은 스스로에게 어떤 것을 상상하여 캐묻고, 새롭게 조형하기 위해 존재한다.

　　주제를 언어로서만이 아니라 특히 이미지를 통해 독자에게 전달하고자 한다. 이 책에 함께 영향을 준 모든 창의적인 아동, 교육가, 예술가 그리고 나의 편집 고문 Susanne Lesaar에게 진심으로 감사드린다.

2012년 7월

Marielle Seitz

www.seitz-kreativ.de

우리는 정말로 아동들에게 창의성 교육을 하는가

아동들은 자신이 속한 세계에 대해 그들 자신만의 창의적인 생각을 발전시킨다. 그러나 성인들은 오랜 생활 경험과 그와 관련된 정보를 이미 알기 때문에 아동들의 생각을 대부분 알고 있다. 그래서 성인들은 종종 다양한 아동의 생각방식을 축소하는 오류를 범한다. 우리는 아동에게 물건을 제시해 놓고 아이가 스스로 그것을 생각하고, 발명하고, 발견할 수 있도록 이끈다. 동시에 우리는 아이에게 숨겨진 창의적 능력을 강화하고, 스스로 이러한 결과에 이를 수 있는 기회를 준다.

우리는 교육을 다음 학년 혹은 이후 직업, 학문 등에서 필요로 하는 지식으로 활용되도록 계획한다. 이러한 교육에 대한 생각은 과연 오늘 가르친 것이 정말 내일 활용될 수 있는지에 대한 의구심을 갖도록 한다. 그러나 우리는 오늘 아동들과 함께하는 날이 그 후 그들과 우리의 삶에 만회할 수 없이 지나간다는 것을 안다. 이러한 사실은 우리를 실제로 아동의 행복은 이 순간 가능하다고 믿고 그렇게 행동하도록 부추긴다. 그들은 함께 서로 학습 내용을 다루는데, 이것은 우리를 개성적인 사고 및 독특한 사고를 요구하는 행동방식으로 이끈다. 즉, 이러한 행동방식은 창의성을 전제하는 경험과 상관한다.

우리는 과연 늘 충만한 호기심, 인상적인 전달 욕구, 무비판적이지 않은 자율성, 의도와 대단한 인내심을 보여 주는 창의적인 아동들에게 호의적인가? 창의적인 아동들은 무엇보다도 자신이 특별한 존재이기를 원한다.

우리가 창의성을 원하는 것과 상관없이 그것(아동들에게 창의성에 있어서 허용적인 태도를 취하는 것)은 하나의 존재론적 필요성이다. 교육은 창의성을 추구해야만 하고, 창의성을 촉진시키고 발현하는 것을 목표로 해야 한다.

지금까지의 우리의 사고관과 가치관은 우리 자신을 파괴하는 결과를 초래했다. 기후 변화, 스모그 경보, 물의 오염, 그릇된 전쟁 그리고 더 나아가 원자력 참사는 절박하게 우리의 생각을 바꿔야만 한다는 것을 말해 준다. 창의적인 인간의 능력은 '우리는 원자력을 포기할 수 없다!' '우리는 속도를 한정할 수 없다!' '우리는 공기를 파괴시키는 산업을 제한할 수 없다!' 등의 주장을 다르게 상상하도록 요구되고 있다. 지금 우리는 우리의 요구, 우리의 기대, 조건에 관한 생각을 바꾸어야 한다. 따라서 우리는 판타지가 필요하다!

우리가 이러한 요구를 학교에서 진지하게 고려할 때 특정 조건들을 조율해야만 한다. 창의성은 이를 가능하게 하는 내·외적 틀을 필요로 한다. 여기에 외적으로 교육을 위해 놀이 행위, 실험 행위가 필요하며, 내적으로 참여자로부터 호기심, 인내, 애착 그리고 유머가 필요하다. 우리는 또한 창의성을 방해하는 요소를 피하거나 제거하기 위해 노력해야 한다.

아동들의 창의성을 촉진시키고 지지해 주기 위해서는 감수성, 유연성, 순발력, 연상 능력, 독창성 그리고 자신에게 어떤 다른 것을 상상하고 또한 바꾸어 생각하도록 하는 행위가 교육의 목표가 되어야 한다.

특히 교수 학습 프로그램, 즉 습득하고 적용할 수 있는 창의적 과정의 조직 형식이 있는지에 대한 고민과 이러한 혁신적 학습이 가능한지에 대한 논의가 필요하다.

우리가 아동의 창의성 교육을 원하고 허용한다면, 우리 자신이 창의적이어야 한다. 서로 배려하고 용기를 주는 아동과의 협력, 인내하고 유머가 있는 교육자가 창의성을 촉진시키고 발현되도록 한다. 이러한 공감대가 형성될 때 인간을 가치 있게 하는 환경과 삶을 만드는 것이 가능할 것이다.

이 책은 사고와 동기를 유발시키는 책이며, 동시에 활동과 놀이를 위한 책이기도 하다. 이 책은 독자에게 많은 것을 스스로 실험해 보게 하고, 학교에 대해 새롭게 생각해 보도록 하는 계기를 마련해 줄 것이다.

Rudolf Seitz

2. 판타지와 창의성

판타지란 무엇인가

판타지는 아주 자주 사용되는 용어로서, 사람들은 그것을 통해 무엇이 표현되는지 잘 알고 있다. 그러나 그 말은 사용에 있어서 의미가 변화될 수 있기 때문에 하나의 정의를 내리자마자 다양한 의미를 가지게 된다.

우리가 어떤 사람에 대해 "그는 상상력이 풍부하다."라고 주장하면, 그것은 매우 긍정적으로 의도한 것이다. 그러나 우리가 "그는 공상에 잠긴다."라고 말할 경우, 그것은 하나의 분명한 부정적 진술이다. 이러한 인간은 현실적 토대를 떠나 어떤 유토피아적 상상에 자신을 내맡긴다. 그러나 우리가 피아노 건반 위에서 즉흥곡을 연주할 때 '판타지'는 다시 '환상적'이 된다. 왜냐하면 그것은 가장 작은 기초적 음악 주제 위에 전체 음악건축물을 지을 재능을 포함하고 있기 때문이다. Mozart와 다른 많은 작곡가는 놀라운 판타지 능력을 갖고 있었다.

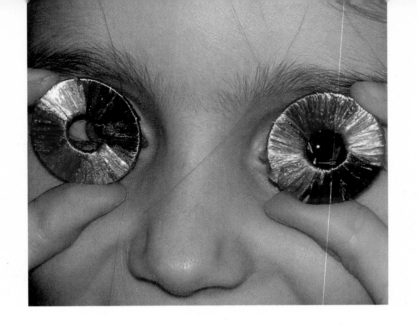

판타지 개념은 왜 그러한 불안정한 토대를 가지고 있을까? 그 말의 어원을 따라가 보면, 카멜레온의 특징과 같은 설명이 있다. 그리스에 신 Paten, 즉 Phantasos가 있다. Phantasos는 꿈의 신이다. 이 신은 아슬아슬한 새로운 세계에 환영, 유령, 비현실적인 것 그리고 모순 같은 의미로 사용된다. 아주 무서운 꿈속의 유령 형상은 새로운 연결 행위, 새로운 이해와 통찰, 새로운 유형의 색, 소리, 공간 그리고 맥락을 통해 행하기 위해 변화된 새로운 현실에 맞서 호화로움과 화려함 그리고 광채로 된 비현실적 태도들을 취한다. 판타지의 사전적 의미를 살펴보면, 판타지의 상상력은 공상의 힘, 발견, 재능 그리고 심상의 풍부함 등으로 설명된다. 힘, 재능, 풍부함 등의 단어들은 일차원적인 해석이며, 다른 한편으로는 환상, 환각, 꿈의 형상 개념으로 상상력을 설명하기도 한다. 사전에 제시된 동사들 또한 다양하다. '회귀하는 이미지로 나타내다' '자유롭게 발견하다' '꾸며 지어내다' '고안하다' '환상으로 상상하다' '자유롭게 한 멜로디에 대해 혹은 한 주제에 대해 즉흥적으로 작곡하다'와 같다.

이처럼 판타지에 대한 개념을 정의한다는 것은 쉬운 일이 아니다. 그러나 확고한 사실은 이러한 판타지 없는 삶과 세계는 활기 없고, 흐릿하고, 회색빛이라는 것이다. 엄밀히 말하면 오싹하다고 할 수 있다.

그러면 아동들은 판타지를 무엇이라고 말하는가?

"자신의 세계를 조립하는 것이다."

(Felix, 8세)

"판타지는 내가 어떤 것에 대해 생각해 낼 때, 아직 아무도 생각하지 못한 것이다."

(Orfeo, 6세)

"판타지는 내가 어떤 것을 상상할 때, 아직 전혀 존재하지 않는 것이다."

(Franziska, 6세)

"판타지는 내가 어떤 것을 듣고 그것에 대해 어떤 것을 상상할 때 있다."

(Alexandra, 8세)

"판타지는 나의 머리에 있고, 나는 그것을 항상 가지고 있다."

(Markus, 10세)

"꿈에 나는 나의 숙제를 꿈꾸는 판타지를 가졌다. 그것은 아름다웠다. 하지만 종결하기 전에 나는 갑자기 잠에서 깨었다."

(Zischka, 8세)

"판타지는 내가 어떤 것을 보고 눈을 감고 그것을 다르게 생각할 때 있다."

(Alisa, 6세)

판타지란 무엇인가

우리가 놀라는 어떤 것

기지와 유머

아동의 웃음,
그들의 공중제비,
이러한 튀는 삶을 관찰할 때
우리의 즐거움

우울한
일상에서의 색

빨갛게 또한
파랗게 있게 한다.

정신, 샘솟듯 솟아나는
정신, 에너지, 빛

비전을 가지다.
새로운 것에 대한 용기,
꿈을 이룬다.

자신의 내적 목소리를
말하게 한다.

돌봐야만 하는 귀한 선(善)

파악하다,
느끼다,
냄새 맡다,
보다, 듣다,
맛보다

내 안으로 가서
나로부터 생긴다.

밝고 어두움
슬픔에서 벗어나다
무서운 것에서 벗어나다

창조할 수
있는 힘

행복하고,
아주 명랑하다.

웃다

통속적이지 않은

아무것도 논리적이지
않은

다수와 함께 가지
않는다.

유일무이함

새로운 아이디어를
위한 성냥개비

대화로 결말짓고 다시
종합하다.

20

개방성
자유
주의력

보기에
불가능한 것을
가능하게
생각하기

내면적으로
외면적으로
바라보기

내 정신의 자유를
실현하기

일치할 수 없는 것
과의 조합, 엉뚱함
을 허용하기

나의 내면 세계,
창의력의 일부

나로 존재하기

나의 모든
감각으로
표현하기

꿈과 희망을 위한 곳

삶을
색과
멜로디로
보기

모든 가능한 것을
풀어 놓아주기

무의식에 잠기기,
무의식적 공간을
마련하기

외관상
정반대의 에너지를
용기 있게
고리 짓기

감각적으로
힘을
표현하기

소박하게 깨어 꿈꾸기

머릿속에서의 모험

스스로와
다른 사람에게
활기를 주기

그리고 창의성이란 무엇인가

John E. Drevdahl은 창의성을 다음과 같은 것으로 정의한다.

"…… 인간의 능력, 자의적 방식의 사고결과를 도출해낸다. 이것은 본질적으로 새로우며, 이를 도출한 사람에게 이전에는 미지의 것이었다. 인간의 능력은 여기서 상상 혹은 단순한 종합 이상의 사고를 종합하는 것과 상관한다. 창의성은 새로운 체계와 조합을 형성하는 것일 뿐 아니라 익숙한 기호를 새로운 상황에 전이시키고 새로운 관련을 짓는 것이다. 창의적 활동은 의도적으로 목표에 향해 있어야 한다. 설령 생산품이 직접적으로 실제에 적용될 수 없더라도, 그것은 유용하고 환상적이다. 하지만 완벽해야만 하거나 혹은 전체적으로 완성되어야만 하는 것이 아니다. 창의적 활동은 예술적·문학적·과학적 형식을 취하며, 수행 기술적 혹은 방법적 형식일 수 있다."[2]

요약
창의성은 새로운 사고결과를 가져오는 인간의 능력이다.

창의성은 새로운 체계와 조합을 형성하는 것일 뿐 아니라 익숙한 기호를 새로운 상황에 전이시키고 새로운 관련을 짓는 것이다.

그리고 판타지는?
판타지는 창의성의 어머니다.
그것이 없이는 어떤 창의성도 없다.
창의성은 그것을 현실화하고, 변형하며, 지속적인 형식으로 가져온다.

무엇이 새로운가

'무엇이 새로운가?' — 이 문제 제기는 이전 단락에서 나온 짧은 정의에서 온 것이다. Drevdahl은 창의적 사고과정의 결과는 "이전에는 이를 끌어낸 사람에게 알려지지 않았다."라고 명료하게 표현하였다. 또한 창의적 사고의 결과들은 그래야만 한다. 왜냐하면 그것은 어떤 것에서 곧바로 완전히 새로운 것을 만드는 것에 있기 때문이다. 또한 창의적 생산물은 개인에게 새로울 뿐 아니라 모든 인간에게 새롭다. 더구나 창의적 생산물은 사회를 변화시킨다. 바퀴 혹은 책 인쇄, 전선의 전류, 교통 시스템 혹은 디지털의 가능성이 그 예다. 많은 사람은 여기서 '객관적 창의성'에 대해 말한다.

창의성이란 무엇인가

독창적
문제해결,
해결 가능성을
발견하기

내적 충만함을
즐기기

발달

고정된 틀을 깨기

자유롭다, 즐겁다

유머가 없는
창의성은 없다!

우주와 연결하기

창조

어떤 것을
움직이게 하기

내적 민첩함

놀이하기, 모든
가능성을 재 보기

한계를 넘기

사물, 생각, 상상을
종합하기

창의적인 것은
행동하기,
놀이하기,
연습해 보기, 고안해
내기, 통찰하기, 떠
맡기, 손으로 변화시
키기 등의 의미를 포
함함

우리가 놀라는
어떤 것

기지와 유머

낡은 과제에
새로운 해결책을 발견하기

실험하기

새로운 것에 용기

외관상 극단적인
것들을 연결하기

아이디어,
착상을 구체화하기

재미있게,
만족하며 활동하기

깨어 있기
사물을 변화시키기

사회의 규범에 굴복하지
않기

연상하기

토론에 대한
용기

감등에 대한
관용성

어떤 것을
끝마칠 수 있기

종종 상업적으로 적용된
(사용되고, 악용된) 유행어

긍정적 자존감

끝없는 자유,
새로운 가능성에
대한 개방

판타지 욕구

표현 욕구

새로운 해결과
생활 형식을
발견하기

낡은 것에서
새로운 것을
종합하기

여유로움을 즐기기

정리정돈과 정확성,
조화로움에 얽매이지 않기

창의성은 판타지의
변화

자신만의 표현에 대한
용기

개성을 보여 주기

유연하기

자신을 사로잡지 않는
행동방식을 따르기

영향받지 않도록
하는 힘

인상을 주지 못하는
힘을 허용하기

우연한 표현,
생기발랄하다.

틀에서 벗어나고,
예측할 수 없는 것
조합하기

교육 영역에서 '새로운'이란 개념이 함축되면 아주 큰 의미를 갖는다. 우리 교육자들은 교과 지식을 획득했고, 특정 문제 제기의 결과를 알고 있다. 또한 많은 영역에서 상황에 따라 다른 어떤 사람들보다 더 많은 활동을 할 수 있는 경험들을 했다.

우리는 이러한 것을 어떻게 다루어야 할까? 우리가 함께 작업할 아동, 청소년, 성인들은 지식을 어떻게 경험할까? 나는 나의 사전지식을 어떻게 전달해야 하는가? 나는 그것을 학습 단계로 나누어야 할지, 이러한 것을 시간표로, 일정표로, 주간계획으로 만들지, 그것을 '조작할까?' 등을 고민한다. 아동은 스스로 해결책에 이르고, 내용과 문제해결을 실험과 고민을 통해 발견하고, 탐색 단계에서 미술의 규칙을 적용하고, 새로운 문화 창조를 위한 잠재적 능력을 갖게 될 것이다.

과연 나는 나를 신뢰하는 아동과 청소년들에게 나의 창의성과 판타지를 실현 가능하게 적용할 수 있을까? 우리는 이러한 관점에서 아동과 청소년의 판타지와 창의성을 실제로 원하는지를 판단한다! 아동들은 종종 문제해결 상황에서 신선하고 독창적인 생각을 한다.

교육환경을 바꾸라!

26

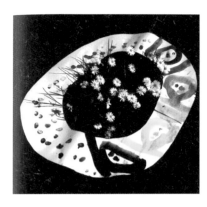

창의적 과정은 어떻게 일어날까

"…… 보편적으로 하나의 새로운 해결책을 발견하기 위해서는 먼저 지금까지 통용되고 있는 질서를 파괴해야 한다." (Adelheid Staudte)[3]

창의적 과정은 어떻게 일어날까? 아이디어는 재에서 나온 불사조처럼 간단하게 나타나는 걸까, 아니면 어쩌면 여기에는 항상 반복하는 특정한 구조가 있는 걸까?

학문은 다양한 단계 모델을 발달시켰는데, 그것은 아이디어 발견 과정을 서술하고, 개별 단계를 창의적 문제해결 방법으로 상호 부각시키기 위해서다.[4]

우리는 4단계 모델을 근거로 각 단계에서 일어나는 일과 그 의미를 다음과 같이 정리할 수 있다.

1) 문제 단계

"창의적 인간은 끊임없이 놀라워한다. 그들은 자기 주변에서 무엇이 발생하는지에 대한 이해와 다른 사람들이 그것을 이해하는 것에서 시작하지 않는다. 그들은 명백한 것에 의문을 가진다. 하지만 그들의 의문은 반항이 아니다. 오히려 그들은 수용된 해석의 문제점을 다른 사람보다 일찍 인식한다. 그들은 폭넓고 공공연하게 지각되고 묘사되기 전에 문제를 감지한다."(Mihály Csíkzentmihály)[5]

그러므로 1단계에서는 문제가 제기된다. 이러한 문제는 외부에서도 제기될 수 있는데, 환경행위의 지속, 인간 사이의 관계 혹은 내적인 것으로부터 제기될 수 있으며, 모든 영역에서 일어날 수 있다.

2) 탐색 단계

탐색 단계에서는 먼저 기억이 작동된다. 이러한 문제가 이미 한 번이라도 있었는가? 그것은 당시 어떻게 해결되었는가? 이러한 방식으로 해결책을 얻는다는 것은 오히려 비개연적이기 때문에 문제해결과 관련될 것 같은 모든 정보들이 그림으로, 전의식으로 혹은 무의식으로 더듬어진다. 탐색이 시도되고, 실험과 설문조사가 일어나며, 여러 책을 참고로 조사되기도 한다.

탐색 단계의 지속은 종종 예측하기 어렵다. 우리는 오랜 세월 동안 한 문제를 가지고 해결책을 발견할 때까지 씨름한 과학자들에 대해 안다. '자동적인' 탐색 절차가 어떻게 일어나는가는 종종 아주 다른 한 주제를 다루는 동안 갑자기 해결책들이 '떠오르는' 것으로 설명될 수 있다.

3) 해결 단계

문제해결은 매우 갑작스럽게 나타날 수 있다. 명료하게 어떤 방식으로 이전에 아직 상호 관련되지 않은 요소들 사이에 관계가 만들어진다. 독일어는 여기에 몇몇 구체적인 이미지를 제공한다. 즉, 문득 떠오르는 번개, 착상, 신적인 불꽃, 점화하는 아이디어와 같은 개념들이다. 이제 해결책을 구성하고, 다양한 해결책에서 사정에 따라 선택하고 분석해야 할 순간이다.

4) 구현 단계

마지막 단계에서야 비로소 문제해결이 구현된다. 여기에 행동에 대한 구체적인 심사숙고로서 상상력이 나타난다. 이것은 최소한 새로운 해결책을 위한 창의적 과정 내에서 발견되어 구체화되고, 적절하게 통합되어 배열된다.

우리는 대부분 지나치게 빠르게 우리 자신 혹은 다른 사람들에게 해결책에 대한 결정을 강요한다. 그로 인해 더 나은 다른 아이디어가 전혀 나오지 않는다. 그렇기 때문에 다음과 같이 생각하고 행동한다.

먼저 곰곰이 생각한다. 빨리 결정하지 않는다.
불가능한 것을 가능하게 생각한다. 유토피아적으로 생각한다. 의문을 갖는다.
실험한다. 주저하며 반응한다.
찾아본다. 충분히 음미한다.

> 먼저 곰곰이 생각한다.
> 빨리 결정하지 않는다.

> 불가능한 것을
> 가능하게 생각한다.
> 유토피아적으로 생각한다.
> 의문을 갖는다.

> 실험한다.
> 주저하며 반응한다.

> 찾아본다.
> 충분히 음미한다.

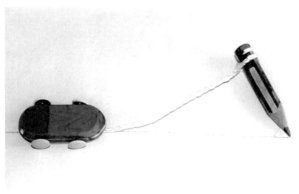

창의성을 방해하는 것은 무엇인가

"내가 어렸을 때 나는 판타지에 가득 찼었다. 하지만 지금은……?" "나는 매우 창의적이지 않다." 많은 성인들은 이렇게 생각하고 말한다. 왜 그럴까? 그 배후에는 생활 및 교육과 관련된 다양한 이유가 숨어 있다.

매우 강압적인 환경

> 강압적인 환경은
> 창의성을 방해한다!

성인 중 많은 사람은 그들이 어렸을 때, 항상 모든 것이 규정되었다고 한다. 예컨대, 그들이 어떻게 행동해야 하는지, 무엇을 입어야 하는지, 무엇을 학습해야 하는지 등은 항상 정해져 있었다. 그들은 어떠한 자신의 아이디어도 발전시켜서는 안되었으며, 어른들은 항상 모든 것을 더 잘 알고 있었다. 그래서 많은 아동은 어떤 것에 대해 그들 자신만의 상상을 갖는 것을 포기했다. 이러한 것은 수요가 없었기 때문이다.

일치에 대한 강요

인간은 자신이 어떻게 외부를 향해 활동하고 싶은지에 대한 아주 고유한 상상을 갖고 있다. 동시에 인간은 어떻게 상상해야 하는지를 외부로부터 지시받는다. 이러한 방식으로 불안정한 균형이 생기는데, 이는 한 인간의 자유로운 결정과 그의 자유로운 의견 표출을 종종 방해한다.

> 안전에 대한 과도한 노력과
> 일치에 대한 강요는
> 창의성을 방해한다.

과도한 성공 기대

> 과도한 성공 기대는
> 우리 자신과 다른 사람들을
> 실패하게 만든다.

우리가 커다란 기대를 우리 자신에게 갖는 데 실패할 때, 이러한 기대를 맞추는 것은 대부분 어렵다. 왜 우리는 목표를 시야에서 놓치지 않기 위해 작은 단계를 만들지 않는가?

나는 여러 해를 휴식한 후 다시 회화를 시작하려고 할 때 '나의 회화 양식은 Monet와 Cézanne 사이의 어떤 곳에 놓여 있어야 한다.'는 이미지적인 상상은 내게 도움이 되지 못했다. 이러한 경우 좌절은 이미 예견된 일이다. 그렇지만 내가 새로운 화구박스를 그저 한 번 실험해 보며 나의 회화 종이를 다양한 색점으로 그릴 때 얼마나 큰 즐거움이 있던지!

부족한 흥미

부족한 흥미는
창의성으로 이끌지
못한다.

부모와 교사는 수업 주제에 대해 지나치게 적은 흥미가 아동의 창의성을 방해한 다는 사실에 모두 공감할 것이다.

종종 주제는 아동의 실제 생활에 맞지 않으며, 때때로 전달 방법도 적절하지 않 다. 이로 인해 아동들은 가끔 과도하게 부담을 갖게 되거나 결핍된 상황에 처하게 된다.

그렇지만 아동의 입장에서 흥미 부족은 교사가 실제로 그들의 관심사에 흥미를 보이지 않을 때 생긴다. 아동에 대한 부족한 흥미는 아동의 창의성을 이끌어 내지 못한다. 교육자로서 혹은 예술가로서 주제와 프로젝트에 대한 실 제적 관심을 가져야만 한다. 이것은 아동들로 하여금 자신의 열정을 감지하고 능동적으로 참여하도록 한다. 그리고 나는 지도사로서 그들을 참여시켜야 한다.

실패에 대한 두려움

어떤 것을 이루지 못할 것이라는 두려움은 우리가 그것을 실제로 이루는 것을 방해한다.

실패에 대한
두려움은 창의성을
방해한다.

우리 중 많은 사람들은 이러한 두려움, 예컨대 시험에 대한 두려움을 안다. 이러 한 상황에서 사람들은 '우매하다.' 경험이 많은 감독관들은 그것을 알고 있으며, 그 러한 궁지에 빠진 상황을 해결할 능력을 가지고 있다. 두려움 없는 상황에서 우리 는 학습한 것에 대해 더 잘 기억해 낸다. 또한 두려움이 없다면 더 쉽게 학습된다.

비난, 냉소주의, 비판 중독

창의성은 종종 연한 식물이다.
누군가 증기 롤러를 그 위에
대면 그것은 납작해진다. 비난,
빈정거림 혹은 지속적인 비판은
창의성을 방해한다.

우리는 모두 우리의 자존감이 얼마나 허약한지, 얼마나 쉬이 깨 지는지, 누군가 아무것도 똑바로 만들 수 없을 때 각각의 제안에 모 든 것이 비판되고, 심한 빈정거림과 비난으로 반응하게 된다는 것 을 안다. 이러한 괴롭힘으로 한 인간의 자존감이 고통받을 뿐 아니 라 성취능력이 제한된다. 이로 인해 당사자는 병들고 모든 것에 흥 미를 잃게 된다.

살인자와 살인자 관용구

누군가 새로운 아이디어를 낼 때마다 그를 항상 동일하게 '제지하려 는 것'은 그가 장래에 새로운 아이디어를 내놓는 것을 확실히 방해한다.

새로운 아이디어는 시간,
실험할 수 있는 자유 그리고
이해를 필요로 한다.

창의성 발현을 위한 좋은 환경

인간이 창의적이기 위해서는 일정한 조건들이 주어져야 한다. 중요한 사실은 우리가 이러한 조건들을 알고 그것들을 우리와 함께 작업하는 인간—그것이 아동 혹은 성인이든 상관없이—을 위해 의식적으로 만드는 것이다.

수용적이다

개인으로서 자신이 진지하게 받아들여지고 필요한 공간을 허락 받았다는 느낌은 창의성이 발현되도록 한다.

'창의적인 인간은 일반적으로 개인주의적이다.'라는 사실은 수용되어야 한다. 아동들은 아직 '구부러지지' 않았고, 잘못된 교육에 길들여지지 않는 한 그들은 일반적으로 창의적이며, 또한 종종 독특한 그들의 아이디어를 통해 인정받고 싶어 한다. 단지 우리가 그들을 믿어 줄 때, 아동들도 자신을 믿으며 상호 신뢰를 형성한다.

실수를 허락하다

> 하나의 실수는 실수가 아니고
> 맥락적으로 필요하지 않은
> 해결책일 뿐이다.
> (Brook Taylor)

인간은 특정 문제와 갈등 상황에서 창의적 해결책을 찾는 능력을 갖고 있으며, 이러한 능력은 인간에게 자유를 느끼게 한다. 물론 이 자유에는 문제해결 과정에서 일어나는 실수도 포함된다. 우리는 구멍 있는 해결책으로부터 배우고 개선시켜 최선으로 만든다. 이것은 실수 앞에 아무런 두려움도 갖지 않을 때, 실수하는 것과 실수를 인정하는 것에 대한 두려움이 없을 때 가능한다.

인간은 자신을 새로운 것과 관계 짓고, 낯선 것과 불확실한 것에 대해 도전할 용기를 갖고 있다.

창의적 해결책에 대한 능력 없이는 인류사와 문화사의 발전은 전혀 불가능했을 것이다. 예술과 도구들도 생기지 않았을 것이다. 그리고 새로운 학문 혹은 민주주의와 자유와 같은 이상도 존재하지 않았을 것이고, 사랑조차도 존재하지 않았을 것이다.

인간으로 존재하는 것은 항상 창의적으로 존재하는 것이며, 동시에 실수를 허용하는 것을 의미한다. 무결점은 비인간적이다. 자신의 실수에 대한 책임을 지고, 그 과정에서 배우고, 더 나은 해결책을 찾는 것은 가장 심오하며 인간적인 것이다. 아동이 이러한 내적 자유를 감지하고 살도록 허용한다면, 그들은 지금까지 알려진 규칙과 형식에 대해 의문을 제기하며 새로운 해결책을 찾는 과정에서 자신을 믿게 될 것이다.

시간
창의성을 위한 매우 중요한 요소는 시간이다. 우리가 얼마나 다양하게 시간을 다루어야 하는지는 다음과 같이 시간에 관한 많은 관용어가 알려 준다.

시간적 여유를 가져라. 때는 아직 오지 않았다. 그것은 시간문제다.

시간을 허비하다. 시간을 죽이다.

그것은 내게 많은 시간을 요한다. 자유 시간. 오랜 시간

너는 시간을 필요로 하고, 내겐 시간이 없다. 누군가의 시간을 뺏는다.

시간을 허락하다. 시간을 갖다. 시간을 이용하다.

나는 아직 때를 얻지 못했다. 모든 일에는 때가 있다.

때를 넘기다. 어떤 것과 함께 시간을 보내다.

때가 되다, 시간이 약이다. 시간이 가다. 시간이 사라져 버리다.

시간을 잃다. 시간을 허비하다. 시간을 빈둥거리며 보내다. 시간을 얻다.

인간은 자신의 고유한 리듬, 특별히 창의적인 자신의 순간, 즉 자신에게 생각과 아이디어가 샘솟는 순간을 갖고 있다.

이러한 순간을 발견하여 이용하고, 그것을 수백 가지 일상의 소소함으로부터 흔들리지 않도록 하는 것은 중요하다. 많은 이들은 아침형 인간이고, 다른 사람들은 한밤중에 영감을 얻는다. 많은 예술가와 자연과학자에 대해 잘 알려진 사실은 그들이 창의적으로 문제해결을 한 순간은 그들이 아주 이완되고 다른 사물들을 가지고 일할 때였다는 것이다.

공간

　창의성이 잘 발현되는 장소는 매우 다양하다. 많은 이들은 익숙한 환경을 필요로 하고, 어떤 이들은 손님이 들끓는 카페 혹은 백화점을 즐겨 어슬렁거린다. 또 다른 이들은 산책을 하고, 정원에서 작업하며, 책상을 정리하고, 차를 끓인다. 주변 환경의 자극과 정보의 근원을 향한 관심은 아이디어 발견을 위해 필요하다.

　"개성을 보호하고, 발달시키고, 그를 통해 창의성을 촉진시키는 것은 개인과 상호작용하는 환경이다. 어떤 장소는 우리를 편안하게 외부 세계를 잊고 온전히 그 순간의 과제에 집중하게 한다." (Mihály Csíkzentmihály)[6]

　교육적 공간으로서 작업실은 아동과 청소년들에게 다양한 재료, 도구 그리고 동기 유발을 통해 영감을 준다. 준비된 훌륭한 공간은 개인적으로 발견한 문제해결을 조형활동으로 도전하도록 한다. 몬테소리 교육에서 '준비된 환경'은 아동들이 스스로 주도적으로 학습하고 활동하며 그들의 판타지를 표현하도록 한다.

아동들의 두상 작품

36

3. 창의적인 인간
─ 그들의 개인적 특성

창의적인 사람은 과연 다른가? 만일 그렇다면 그들은 어떤 특성을 나타내는가? 이미 Joy P. Guilford는 1950년에 창의성[7]에 대한 그의 중요한 특강에서 이와 같은 질문을 제시했다. 그는 동시대인을 관찰하고, 특히 창의적이거나 어쩌면 천재적이라고 간주되는 인간의 생애를 분석하였다. 그리고 그는 이러한 연구의 결과와 함께 창의적 인간의 개인적 특성 프로파일을 제시했다. 제시된 프로파일은 큰 차이를 보이면서도 기본 구조는 유지하고 있다. Mihály Csíkzentmihály는 창의적인 인물의 전형적인 특성을 근거로 열 가지 특징을 제시했다.

1. 창의적 인간은 많은 양의 물리적 에너지를 사용한다. 그러나 그들은 자주 조용하고 이완되어 있다. 그들은 시간 외 작업을 하고, 최상의 집중력을 가지고 일하며, 동시에 신선함과 열정의 빛을 발산한다. 이것은 창의적 인간은 들뜨고 활동적이며, 끊임없이 매우 바쁘게 일하고, 확고한 아이디어를 생산함을 말하는 것이 아니다.

2. 창의적인 사람은 종종 처세에 능하며, 또한 소박하다. 그들이 실제로 얼마나 영리한지는 밝혀지지 않았지만, 추측컨대 핵심 인지에 대한 심리학적 특징인 소위 일반요인(G-Fakter, General Factor)은 특히 창의적인 인간에게서 실제로 높게 나타난다. 하지만 예리한 이해는 창의성에 부정적으로 영향을 준다.

3. 세 번째 역설적 조합의 특징은 훈련과 놀이의 조화 혹은 책임감과 속박 받지 않는 것의 조화다. 유희적이고 이완된 태도는 창의적인 사람의 전형적 특징이다. 하지만 놀이에는 어느 정도 완고함, 고집 그리고 인내심이 동반된다. 심도 있는 작업 없이 새로운 아이디어를 구현시킬 수 없으며, 마주한 장애를 극복하는 것은 창의적인 사람에게 꼭 필요하다.

4. 창의적인 사람은 한편으로는 이미지와 판타지 사이를 오가며, 다른 한편으로는 확고하게 현실과 상호작용한다. 두 측면은 그것들이 과거와의 관계를 잃어버리지 않고 현재로부터 자유롭기 위해서 필요하다.

5. 창의적인 사람은 외향성과 내향성 간에 상반된 경향을 일치시킨다. 일반적으로 사람은 내향적이거나 외향적이지만 창의적인 사람은 이 두 가지를 뚜렷하게 표현한다.

6. 지속적으로 눈에 띄는 특징은 외견상 겸손함과 자신감의 모순되는 조합이다. 여기에 패기와 사욕 없음의 대립 혹은 경쟁과 협동의 대립이 드러난다.

7. 창의적인 사람들이 종종 그들 자신의 사회적 성의 장점뿐 아니라 다른 장점들도 나타낸다는 것은 놀랄 일이 아니다. 심리학적으로 남녀 양성의 특징을 지닌 사람은 상호작용 능력에서 풍부한 스펙트럼을 열어 주는 행동들을 처리한다.

8. 창의적인 인간은 보편적으로 반항적이고 구속받지 않는 사람으로 간주된다. 특히 특정 문화의 전문 영역을 내면화할 때 창의적이 된다. 준비성, 위험에 들어가는 것, 전통의 안전을 탈피하는 것 또한 마찬가지로 필요하다.

9. 대부분의 창의적인 사람은 자신의 작업에 많은 열정을 쏟는다. 또한 그들은 작업에서 최대한 객관성을 가진다.

10. 마지막으로 창의적인 사람은 그들의 개방성과 감수성을 통해 종종 고통과 아픔 그리고 강한 즐거움을 표현한다. 거의 모든 창의적인 사람들에게서 발견되는 아마도 가장 중요한 특징은 창조 과정을 자율적으로 즐기는 능력이다. 즐거움은 가장 중요한 창의성을 발현시키는 요소다.[8]

　이러한 모순된 창의적인 사람의 열 가지 특징은 시사하는 바가 많다. 물론 이 목록은 어느 정도까지는 자의적일 수 있다. 그러나 결정적인 것은 이러한 모순된 특징들 혹은 모든 모순된 특징이 모두 한 사람에게 나타나는 일은 드물다는 것이다.

　이 책의 다음 장에서 창의적인 사람의 특징을 더 상세하게 다루게 될 것이다. 이 특징들은 Guilford가 제시한 프로파일에 기초한다. 그 외에도 이 책에서는 창의적인 사람의 각 특징에 맞추어 실습, 동기유발과 놀이가 제안된다. 이것들은 창의적인 사람의 특징을 촉진시키고 지지하며 강화할 것이다. 이러한 동기유발은 극도로 일반적이고 간결하게 형식화한 것으로 참여 인원과 연령, 능력과 상황, 공간과 재료에 따라 개별적으로 전이될 수 있다. 제시된 활동은 참여하고자 하는 아동들의 도전을 염두에 두었다. 42쪽부터 파란색 점 옆의 내용을 마주하면 여러분은 창의적 시도와 실험에 동참하는 것이다.

감수성

　　오늘날 우리가 24시간 동안 노출된 자극 세계에서 열린 감각으로 살아가는 것은 매우 어려운 일이다. 감수성은 많은 사람에게 세련되지 못하며, 바로 자기 자신에게 손해를 끼치는 것으로 보일 수도 있다. 감수성은 창의적인 사람의 중요한 특징이다. 그들은 모든 분야에서 두각을 나타낼 수 있을 정도의 높은 지각능력을 가지고 있다. 우리는 이 장에서 몇몇 기본적인 영역으로서 정서적 감수성, 문제 감수성, 사회적 감수성 그리고 지각 감수성을 구별할 것이다. 감수성의 이러한 다양한 특징은 창의적 태도를 형성한다. 창의적인 사람은 모든 감각으로 살며, 그들의 감각은 목적적 사고에 의해 결정되지 않는다. 그들은 소위 '초호화 정보', 즉 그들의 감각을 풍부하고 포괄적으로 사용하는 데 즐거움을 가진다.

정서적 감수성

창의적인 인간에게서 확대 발전시킨 감정의 계단들이 있는데, 이것들은 가장 깊은 우울에서 최고의 쾌감, 즐거움과 고뇌 그리고 밝음에서 어두움까지 다양하다. Goethe는 "하늘 높이 환호하며, 죽도록 탄식한다."라고 『에그몬트(Egmont)』에 서술했다.

문제 감수성

창의적인 사람은 종종 문제 감수성이 높다. 그들은 다른 사람들보다 빠르게 어떤 것이 옳지 않은지, 특히 환경적 요소 혹은 사회적 관계들이 옳지 않아 문제들이 있다는 것을 감지한다.

사회적 감수성

종종 창의적인 사람은 사회적 영역에서 매우 높은 감수성을 가진다. 그들은 그들 주변에서 무엇이 일어나는지 지각하며, 그들과 함께 사는 사람들에게 주의를 기울이고, 주변 사람들의 문제에 함께 공감하며 시선을 떼지 않는다.

위대한 정신이여, 내가 모카신을 신고 미처 1마일도 가기 전에 한 사람을 판단하는 나를 보호하소서.
(무명의 아파치족 전사)

사회적 감수성 촉진을 위한 놀이와 연습

낯선 사람에 대한 사진을 관찰하고 해석하기
- 사람의 얼굴은 무엇을 표현할까? 기분, 감정, 생활 경험?
- 손의 움직임은 무엇을 말해 주며, 손짓의 의미는 무엇일까?
- 이 손은 어떤 얼굴을 하고 있는 사람의 손일까?

일상에서 낯선 사람을 관찰하고 서술하기 (무언극을 통해서도 가능)
- 사람은 어떻게 움직이는가? 우리는 그의 걸음걸이에서 무엇을 느끼는가?
- 우리는 어디에서 누군가가 두려운, 수줍어하는, 외로운, 불안한, 진지한, 슬픈, 절망스러운 혹은 자존감이 있는, 기분이 아주 좋은, 즐거운, 쾌활한, 당돌한, 공격적인, 뻔뻔스러운, 어리석은, 호화로운, 사랑에 빠진 것을 알 수 있는가?
- 지나가는 사람은 어떤 옷을 입었는가 (정장, 세련된 옷, 캐주얼 복장, 유니폼, 편한 옷)? 사람들은 춤추는 장소, 길거리, 사무실 등에서 그렇게 옷을 입는가?
- 사람의 첫인상은 어떤가? 좀 더 가까워지고 나면 첫인상은 변하는가?
- 한 사람의 외모에서 어떤 선입견을 갖게 되는가? 아동, 성인, 외국인에게서 무엇이 있을 것 같은가? 자신의 경험을 말한다.
- 신체언어와 옷은 어울리는가? 그것은 믿을 만한가?

눈을 감고 누군가를 알아보기
- 누구의 손인가? 눈을 감고 낯선 손을 느껴 보고 만져 본다.
- 누가 이 셔츠, 스웨터 등을 입었는가? 소매를 만져 본다.
- 당신은 누구인가? 술래잡기를 한다.
- 서로 목소리를 듣고 누구인지 알아맞히게 한다.

냄새로 누군가를 알아맞히기
- 어떻게 냄새를 맡는가? 너는 누구인가? 눈을 감고 다른 사람을 냄새로 알아맞힌다.
- 어떤 향수가 누구에게 어울릴까?

낯선 사람과 익숙하지 않은 상황을 상상하기
- 무엇이 일어나고 있는가? 눈을 감고 TV나 라디오에서 짧은 문장을 듣는다.

방금 말하는 사람은 어떤 상황 속에서 어떤 기분인가? 그들의 모습은 어떻게 보이고, 무엇을 입고 있으며, 어떤 직업을 가지고 있는가?

누군가에 초점을 맞추고 그리기

- 둘이서 함께 번갈아 가며 그림 한 장을 그린다.
- 두 사람이 한 개의 연필을 가지고 음악에 따라 종이 위에서 '춤춘다.' 천천히 동시에 함께 드로잉하며 상대방에게 동기를 부여하거나 상대방의 동기를 파악하는 시도를 한다.
- 둘이서 음악에 맞추어 한 장의 그림을 그린다(색의 흔적이 가장 좋음). 그 후 다양한 리듬, 악기, 속도, 양식으로 바꾼다.

나는 어떻게 느끼는가?

- 투명한 유리잔에 물을 반 정도 붓고 물감 중 분위기에 맞는 한 색을 섞는다.
- 당신은 어떻게 느끼는가? 다른 사람의 '색깔 분위기'를 분석하고 서술한다. 자신의 생각이 옳은지 질문한다.

지각 감수성

주지하는 바와 같이 창의적인 사람은 다른 사람들보다 오히려 그들의 감각을 자주 그리고 더 포괄적으로 이용한다. 물론 각자는 과잉 자극들로부터 보호해야 하며, 이를 선별할 수 있어야 한다. 협소한 지각의 틈을 통해 과연 우리가 현실을 어느 정도 지각하는지는 의문이다.

여러 가지 문제, 분주함 그리고 불안한 나날 등은 지각을 크게 약화시킨다. 해결할 수 없는 갈등은 내부로 시선을 돌린다. 기분이 나쁜지, 슬픈지, 절망스러운지, 신경을 많이 쓰고 있는지, 아니면 가장 좋은 기분인지, 사랑에 빠져 있는지, 많은 시간을 휴가로 보내는지에 따라 감각은 항상 다르게 반응한다.

아마도 계획은 주관적 지각을 조절할 것이다. 내가 나의 텃밭을 새롭게 만들려 할 때 나는 갑자기 모든 텃밭을 다른 눈으로 보고, 내가 나의 집을 새로 채색하려 할 때 나는 다른 집들의 전면을 이러한 관점에 따라 비판적으로 관찰한다.

나의 학습과 생활사, 나의 취향, 나의 흥미는 내가 생각하는 것보다 더 지각을 조절한다. 숲에 갈 때 사냥꾼, 생태학자, 버섯 채취자, 화가, 아동 혹은 연인들은 각각 다른 생각을 갖고 간다.

보고, 듣고, 느끼고, 맛보고, 냄새를 맡는 것 등은 반드시 '지각하는 것'을 의미하지 않는다. 감각 인상이 나의 의식으로 들어와 사용될 수 있다는 것은 자명하지 않다. 나는 그것을 학습하고, 그것을 학습하기를 결정하고, 이를 위해 더 의식적으로 지각하고 익힌다.

창의적인 사람은 전형적으로 개방적이며 호기심이 많다. 그렇기 때문에 그들은 오히려 휴가에서 만날 수 없는 훌륭한 사진가처럼 항상 의식적·무의식적으로 주제 탐색에 빠져 있다. 그리고 그들은 역시 주제를 찾아낸다!

지각은 다른 이유에서 또한 중요하다. 나의 지각을 넘어 환경과의 관계를 받아들이고, 나와 관계를 맺는다. 작은 지각 정보는 목표를 결정할 뿐 아니라 또한 출구를 결정한다. 즉, 그것은 궁극적으로 나를 결정한다. 나의 위치는 강해진다. 이러한 절차가 없이는 나는 단지 신체적으로 존재할 뿐이다.

나의 지각 감수성은 나를 환경과 관련시켜 대화하고, 분석하며, 뇌를 자극하여 존재함을 행복하게 해 준다.

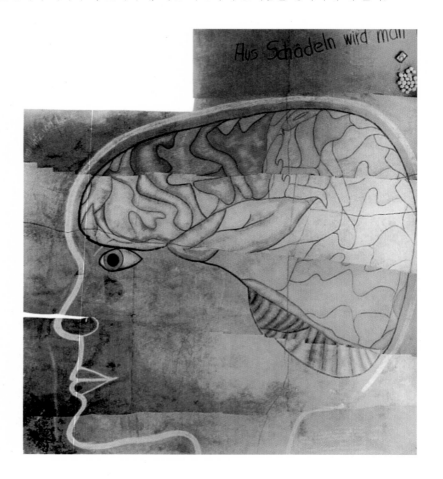

나와 너 그리고 우리의 관계는 그렇게 형성되어 간다.

특히 외부로부터의 자극과 아이디어와 이미지에 대한 지각 감수성, 아이디어의 생성과 상상 그리고 반응 등은 직접적인 상호 관계성이 높다.

훈련된 지각은 현실 세계를 외면하지 않도록 하며 스스로 환경과의 관계를 재형성하도록 한다. 또한 매체에 의해 미리 조작된 세계로부터 벗어나는 데 성공하도록 한다. 이것은 개별적 창의성으로서 절대적으로 필요하다.

나는 판타지와 창의성 교육을 위한 수업을 계획할 때 지각 감수성은 '사물에 대한 명명'의 실제를 넘어 풍부한 현상 세계를 지각하는 것이란 전제하에 많은 정보들을 생존하기 위해서가 아니라 판타지와 창의성을 위한 정보로 활용한다.

"지구상의 모든 것이 각각의 목소리를 가지고 말할 수 있다는 사실을 모르고서, 나는 어떻게 모든 시간을 살 수 있을까? 하나의 이름이 붙은 사물뿐 아니라 문으로 통하는 길, 주택의 담, 각목, 나무의 그늘, 모래와 침묵 등과 같은 것들. 나는 사고 전에 이미 소리를 좋아했기 때문에 항상 집중해 귀 기울이고 있었다. 시각을 잃은 후, 나는 소음이 아닌 소리에 집중하면서 움직일 수 있었다." (Jacques Lusseyran)[9]

지각 감수성 촉진을 위한 놀이와 연습

나는 어디에 있는가
- 눈을 감는다. 공간이 어떻게 보이는가? 공간 속 나는 어디에 있는가?
- 나는 여기에 어떻게 왔는가? 현관문에서 이 공간까지의 길을 서술한다.
- 여기는 얼마나 따뜻한가? 가장 차갑고, 가장 따뜻한 곳을 찾아 서술한다.
- 공간은 얼마나 밝은가? 어두운 구석은 어디인가?
- 여기에 어떤 가구가 놓여 있는가? 눈을 감고 내가 앉아 있는 의자에 대해 서술한다.
- 여기는 어떤 냄새가 나는가?

김kim 놀이
- 다양한 대상들을 관찰하고 기억해 내며 세어 본다.
- 누군가 눈에 띄지 않게 한 쌍의 대상을 변화시키고 그것을 치워 다른 곳에 놓는다. 무엇이 변화되었는가?

빛과 그림자 놀이
- 다양한 광원과 그림자를 관찰한다. 그림자를 변화시키라.
- 집, 나무, 자동차의 그림자를 장시간 동안 관찰한다. 무엇이 변화하는가?
- 태양의 움직임을 땅 위에 표시한 그림자를 통해 끝까지 뒤쫓는다.
- 그림자 놀이를 전형적인 움직임으로 연출한다. 신체언어를 사용한다!

어떤 맛인가
- 다양한 음료의 맛을 먼저 혀끝에 그리고 구강에서 음미한다. 그 맛은 어떤가? 예컨대, 물, 주스, 엽차, 탄산이 있는 광천수와 탄산이 없는 물 혹은 우유는 어떠한가?

- 맑은 물의 맛은 설탕, 소금, 향신료를 통해 어떻게 변화하는가? 서술하라!
- 다양한 빵, 꿀과자, 성탄과자와 크래커를 맛보고 서술한다.
- 다양한 향신료를 맛보고, 눈을 감고 알아맞힌다.

무슨 향이 나는가? 눈을 감고 냄새를 알아맞히기
- 생활용품, 향신료, 음료를 단지 그것의 냄새를 맡고 결정한다.
- 식물과 채소의 향을 익히고 알아맞힌다.
- 감춰진 사물을 냄새를 맡아 찾아낸다.
- 꽃을 오로지 냄새로 재인식한다.
- 향기정원을 만든다.

눈을 감고 표면을 만지기
- 아주 다양한 재료(다양한 처리를 한 천, 아마천, 뜨개질을 할 때 사용하는 물건, 가죽, 나무, 다양한 강도의 사포 종이, 코르크, 고무, 도자기, 양철, 털실, 스티로폼 등)를 만져 보고 난 후 서술하고 명명한다.
- 촉각 극장을 만든다(큰 종이상자의 측면 벽에 구멍을 내어 물건을 넣고, 구멍을 통해 그것을 만져 볼 수 있게 한다). 대상을 알아맞히고 명명하거나 혹은 서술하면, 다른 사람들이 그것이 무엇에 관한 것인지 알아맞힐 수 있다.
- 촉각 공간을 큰 상자 안에 만든다(예컨대, 냉장고 종이상자).
- 촉각 도미노를 만들어 함께 놀이한다.

촉각 탐색: 그것은 누구였던가
- 전형적인 촉각을 찾아 관찰한다. 예컨대, 발자국, 구두 뒤꿈치, 자전거바퀴 자국, 승용차와 오토바이 그리고 작업도구의 흔적
- 동물의 흔적을 찾아 관찰한다. 어떤 동물이 여기에 있었나? 그것은 도망갔는가, 껑충껑충 뛰어갔는가, 뛰어올랐는가? 동물의 움직임에서 무엇이 전형적인가? 눈면 친구를 서술한다.

정확히 귀 기울이기
● 하나의 소리가 날 때까지 경청한다(공명, 징, 음차).
● 이 음색은 어떻게 만들어지는가(잡아당기기, 문지르기, 치기, 불기 등)?
● 한 악기를 연주할 때 누군가에게 귀 기울이고 그를 관찰한다.

● 개별 악기, 개별 소리를 협주할 때 알아맞힌다.
● 일상의 소음을 알아맞힌다.
● 소리와 반향을 큰 공간, 회당, 교회에서 주의한다.

색 관찰하기와 비교하기
● 가족에 따라 색을 배열한다.
● 밝고 어두움에 따라 색을 분류한다.
● 알맞은 색을 찾는다. 예컨대, 비, 밤, 천둥 번개, 석양, 봄, 여름, 가을, 겨울
● 차가운 색과 따뜻한 색을 찾는다.
● 좋아하는 색을 찾는다. 나와 너에게 잘 어울리는 색을 찾는다.

우리 모두는 어떤 일, 아이디어, 주제, 색에 대해 더 많이 알게 되면, 일반적으로 그것을 깊이 다루게 된다. 특히 이전에 간과했을 사물들을 갑작스레 지각한다. 이러한 현상은 여러 곳에서 발견된다.

"그는 아이들이 감각을 사용하여 연습하고 다루며 충족하고 싶은 욕구가 커서 잠시도 편안히 있지 못하는 것에 대해 자주 이야기했다. 그는 별들을 바라보며 특징, 위치 등을 모래 위에 따라 그렸다. 바닷가 하늘을 끊임없이 바라보며 별들의 맑음, 움직임, 구름, 빛을 관찰하는 것을 즐겼다. 그는 돌멩이, 꽃, 모든 종류의 딱정벌레를 수집하고 다양한 방식으로 늘어놓았다. 그는 인간과 동물을 대하며 경의를 표했고, 바닷가 백사장에 앉아 조개들을 찾았다. 그는 그의 정서와 생각이 바스락거리는 것에 귀 기울였다. 그의 동경이 그를 어디로 몰고 가는지 몰랐다. 어떻게 성장했는지……. 그는 배회하며 다른 나라들과 바다, 공기, 낯선 별들, 무명의 식물과 동물, 사람들을 눈여겨보았다. 그는 동굴로 올라가 모래틈과 화려한 지층에 건물들이 얼마나 가득 차 있는지를 보았으며, 특별한 주름 이미지로 찰흙을 만들어 돋보이게 했다. 이제 그는 어디에서든 놀라울 정도로 혼합되고 짝지은 익숙한 것을 다시 만나고, 그 안의 진귀한 사물들이 종종 저절로 정리되는 과정에서 모든 것에서 화합, 만남과 해후를 알아챈다. 이제 그는 더 이상 혼자이지 않다는 것을 본다. 커다랗고 화려한 그림 속으로 그의 감각 지각들이 파고든다. 그는 들었고, 보았으며, 만졌고, 동시에 생각했다. 그는 낯선 것들을 관계 지을 수 있어 즐겁다. 그에게 별들은 곧 인간이었고, 인간은 곧 별이었으며, 돌멩이는 동물, 구름은 식물이었던 것에 즐겁다. 그는 힘과 현상으로 놀이하였으며, 그는 어디에서 어떻게 이러저러한 것들을 발견하고 나타나게 할 수 있었는지 알고 있었다. 그리고 스스로 그렇게 현악기의 음과 진행에 따라 사방을 파악한다." (Novalis)[10]

유연성

창의적 인간에게 새로운 인간, 새로운 과제와 새로운 상황은 긴장되는 순간이며 도전의 순간이다. 이런 상황에서 그들은 가능한 방식으로 새롭게 해결 전략들을 발달시키면서 즐거움을 느낀다. 새로운 것에 대해 정확하게 알지 못하고 해안을 떠나는 것을 그들은 두려워하지 않는다. 불확실성은 많은 능력을 활성화시킨다. 창의적인 사람은 진지하게 자신이 할 수 있다고 스스로를 신뢰한다.

유연성은 또한 우연적 해결책을 통합할 수 있는 능력을 의미한다. 항상 빠르게 변화하는 우리의 세계는 능동적이며 유연한 인간을 필요로 한다. 이러한 사람들은 두려움이나 불확실과 같은 장애를 갖지 않는다.

창의적 사람들은 전형적으로 오래된 지식의 내용을 이용하며, 이러한 것을 지금의 정보들과 연결시킬 줄 안다. 그들은 빠르게 사고하고 종종 매우 재치 있다. 이러한 유연성은 놀이로 가장 잘 신장시킬 수 있다. 새로운 상황에 대해 스스로 빨리 파악하고, 사고의 전환을 잘하고, 새롭게 계획하고, 다른 요소들을 행동으로 옮기는 것. …… 이 모든 것은 놀이를 통해 파트너와 함께 가장 잘 교육될 수 있다.

유연성 촉진을 위한 놀이와 연습

대화 없이 함께 행동하기

● 두 명이 한 조가 되어 1차원적인 형상을 만든다. 각 조는 A3용지 한 장을 가진다. 이 종이는 찢고, 자르고, 구기고, 붙여지게 된다. 재료는 모두 사용되어야 한다. 이어지는 토론에서 각 그룹은 언제부터 공동의 아이디어를 작업하게 되었는지, 혹 누군가 일치하여 추측하게 되었는지 또는 각자 자신의 기회를 가졌는지에 대해 설명한다.

● 각 조는 과제에 필요한 가늘고 긴 어린 나뭇가지, 끈, 종이, 공예용 종이끈, 철사, 못, 망치, 톱, 집게로 공동으로 어떤 것을 만든다.

독특한 방식으로 서로 대화하기

● 몇 시간(가장 좋은 것은 여러 시간!)을 오로지 비언어적으로 자신을 이해시킨다.

● 아주 작게 불평하고, 아주 크게 부드러운 것에 대해 말한다.

독특한 방식으로 사물을 놓기

● 느림을 발견하기: 사물을 매우 느리게 놓기, 말하기, 읽기, 음악으로 만들기

● 속도를 발견하기: 사물을 매우 빠르게 놓기, 말하기, 읽기, 음악으로 만들기

● 여자는 남자 역할을 하고, 남자는 여자 역할을 하기: 전형적 상황, 전형적 행동방식 따라 하기

● 비틀린 기분: 자신에게 익숙한 태도와 아주 정반대로 행동하기 혹은 움직이기

새로운 단어 발견하기

● 대상 혹은 현상을 위한 광고 텍스트 만들기

● 단어 조합해 보기. 예컨대, 동사 '가다' '보다' '듣다' '만지다' '냄새 맡다' '맛보다'

빠른 반응 연습하기

● 교대하기 놀이: 놀이에서 누군가를 친한 사람으로 뒤바꾸고, 이에 빨리 반응하기

● 고정된 인터뷰하기: 마이크로 말하기, 친필 혹은 짧은 공식 성명을 말하기

● 방향 찾기: 도보 여행에서 지도를 잃게 되면 무엇을 해야 하나?

● 우연히 반응하기: 무대 위 커튼이 쳐져 닫힌 뒤에 무대 만들기, 청중은 소리 없이 자리에 앉기, 갑자기 커튼이 열리고 조명이 들어오는 것, 기대에 찬 박수소리, ……

● 누군가를 설득하기: 극장에서 파트너가 내 표를 가지고 극장 안에 들어가 있을 경우 그것을 믿도록 설득하기. 그런데 어느 누구도 그것을 믿지 못한다.

● 다양한 상황을 위한 훌륭한 변명을 찾는다.

연상 능력

　창의적인 사람은 매우 세분화하여 연상할 수 있다. 연상은 일반적으로 상상과 연계해서 이해된다. 여기서 상상은 다른 것을 불러일으키는 것이며, 연상은 단어, 개념, 아이디어, 상상, 소리, 멜로디 혹은 이미지 등의 자극에 대한 반응이다. 대부분의 자극은 외부에서 온다. 아름다운 날씨다. 적운이 하늘 위로 움직인다. 사람들은 흥분되어 누군가와 담소한다. 갑자기 대화가 중단되고, 구름을 가리킨다. "저것 좀 봐, 악어 한 마리!" 이런 과정에서 우리는 악어에 대해 말하지 않을 뿐만 아니라 악어에 대해 생각도 안 한다. 여기서 무엇이 일어날까?

　우리는 그림으로 과정을 상상할 수 있다. 우리는 두 개의 동일한 악기, 예컨대 기타를 정확하게 똑같이 소리를 맞추고 한 기타의 D현을 뜯으면, 다른 한 기타도 마찬가지로 그것을 만지지 않아도 진동한다. 그것은 두 기타의 주파수가 일치함을 말한다. 내 안에 매우 풍부하게 내재된 지적 경험을 토대로 언어, 이미지, 시, 멜로디 등이 있을 때, 일치된 진동의 개연성은 매우 커진다. 따라서 외부로부터 미미한 자극에도 이미지가 나타나게 된다. 연상 능력은 학습, 생애 그리고 판타지로부터 나오며, 신체를 매우 감수성 있게 만든다.

"정신이 다양한 경험을 하도록 자극한다는 전제하에 새로운 관찰방식들은 충분하다. 이것은 작고 소소해서 배제될 수 있는 것들이 정신의 다양한 발견을 일깨우는 데 아주 필요하다. 네가 모든 점으로 얼룩져 있는 많은 벽 혹은 여러 혼합 암석을 주목하면 어떤 상황들이 보일 것이다. 이는 계곡과 언덕, 강과 들, 나무, 들판들의 풍경을 볼 때도 마찬가지다." (Leonardo Da Vinci)[11]

연상 능력 촉진을 위한 놀이와 연습

감정 이입하기
- 다음과 같은 것에 대한 색이나 기호를 발견한다: 즐거움, 슬픔, 행복, 두려움, 이성, 걱정, 영리함, 사악함, 기분, 당돌함, 감사, 혼란, 축제, 이별, ……
- 이중역할 놀이: 당신이 가구, 색, 날씨, 교통수단, 작업도구가 되어 보는 것은 어떠한가?
- 다양한 악기의 '느낌'은 어떤가? 피콜로플루트, 첼로, 콘트라베이스, 오르간, 쳄발로, 밴조, 클라리넷

이야기 만들기
- 주어진 단어들을 근거로 범죄 이야기 만들기: 커다란 다이아몬드, 깨진 부엌의 창문, 텃밭의 흔적, 하수구 뚜껑, 잘린 전화기 전선/밤에 외치는 소리, 살금살금 걷는 발걸음, 당황한 목소리, 밧줄, 덫/난방기 위의 치즈, 새벽 4시의 빛, 귓속말, 결말, ……
- '빨간 점에 대한 이야기: 여러 장면의 그림 이야기' 이어서 말하기(예컨대, 빨간 점은 매우 특이한 환경에서 자란다. 빨간 점은 물속으로 빠졌다. 빨간 점은 그의 여자 친구와 외출하려고 치장한다. 빨간 점은 여행한다. 빨간 점은 가정을 이루었다. 빨간 점은 죽어 새로운 별이 된다. ……). 새로운 체험을 발견하고 그로부터 멋진 그림책을 엮는다.
- 이야기에서 '이야기 정점'을 만들기: 이야기가 특정 시점부터 어떻게 진행될 수 있는가?

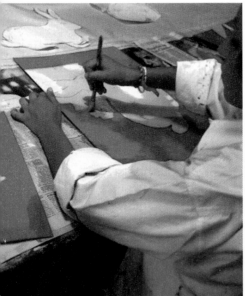

추상적 이미지 관찰하고 해석하기
- 벽에 붙은 점 그림, 그림자 그림은 무엇일까?
- 주제 인식하기: 나뭇결무늬, 대리석, 코르크판, 색 유화액, 커피 속 우유 '사납게 보기'
- 충동 종이: 흔적, 점, 선을 붓이나 연필로 계속 찍어 자극하기
- 구름 그림 관찰하기(뭉게구름 등)
- 추상적 이미지 관찰하기. 예술가는 어떤 분위기 속에 있었을까? 눈에 뜨이는 것은 무엇인가?

구체적 이미지/입체 작품 관찰하고 해석하기

● 이미지를 '간파할 수 있는' 구체적 내용을 통한 관찰: 그림은 내게 어떻게 작용하는가? 정확히 무엇이 묘사되어 있는가? 사람들은 서로 관계를 맺고 있는가?
  사물과 사람 간의 관계가 있는가? 그것은 어떻게 표현될까? 왜 예술가들은 그림을 잘 그렸을까?
● 이미지와 언어, 이미지와 이야기: Paul Klee의 그림 〈여성별관(Frauenpavillon)〉을 자세히 관찰한다. 그림에 관한 질문을 하면서 이야기를 하거나 혹은 글로 쓴다.
● 입체 작품을 관찰하고 파악하기: 작품, 재료, 특이한 형태, 표면 처리는 내게 어떤 감정을 불러일으키는가? 편안한가, 덜 편안한가? 왜 예술가들은 입체 작품을 만들었을까? 예술가들은 어떤 사람들이고, 그들은 어떻게 사는가?

스스로 어떤 것을 조형하기

● 탐색한 이미지를 드로잉한다.
● 삽화 그림에서 잘라낸 이미지로 통일성 있는 그림이 나올 때까지 콜라주한다.
● 사각형의 색종이를 하나의 이미지로 접어 그것이 더 이상 낯선 물체로 눈에 안 띄게 한다.
● 매혹적인 형태를 발전시켜 드로잉 혹은 그림으로 나타내기: 원형을 종이 위에 그리기. 그것은 무엇을 의미하는가? 그것은 누워 있는가, 서 있는가, 거꾸로 서 있는가?
● 물 위에 기름을 떨어뜨린 후 생긴 형태를 명명한다.

상상하기

우리 몸속 여행

● '여행 국가'로서 나의 신체: 나는 나의 숨소리를 감지한다. 나는 나의 심장과 심박동을 듣고 느낀다. 나는 나의 왼쪽 다리, 오른쪽 다리, 왼팔, 오른팔, 왼쪽 귀, 오른쪽 귀의 무게를 감지한다. 나는 나의 피부를 감지한다.

현관문 앞 여행

● 창문 앞 나무: 겨울에는 어떻게 보이는가? 나무의 어디에서 봄을 알 수 있는가? 가을에는 무엇이 변화하는가? 다시 겨울이다.
● 식물의 꽃봉오리, 이파리, 줄기, 가지, 씨앗을 수집하여 이것들을 분류하고 정리한다. 수집한 많은 것들에서 흥미롭고 신기한 물건을 발견하고 이야기를 고안한다.

우리의 이야기를 통한 여행

● 지역에서 가장 오래된 건물을 찾는다. 당시 그 지역의 외양은 어떤 모습이었을까? 그것은 얼마나 컸을까? 당시에 어떤 사람들이 살았고, 무엇으로 생계를 유지했을까? 그들은 어떤 옷을 입었을까? 그들은 평화롭게 살았을까? 어디에 위험이 있었을까? 그들은 어떻게 방어하였을까?

● 쇠뜨기를 찾는다. 예전에 그것들은 나무처럼 컸다. 풍경은 어떠한가? 어떤 기후가 지배하고 있는가? 어떤 동물들이 있었을까? 공룡, 파충류, 매머드. 인류는 어떤 모습이었는가? 어디에서 어떻게 살았는가?

현실 세계 속으로의 여행

● 풍선 하나를 들고 동틀 무렵 마을을 벗어나면 우리는 무엇을 볼 수 있을까?

● 외국의 아동들은 그들의 고향, 마을, 집, 가족, 교회, 풍경, 노래와 놀이들에 대해 이야기한다.

꿈의 세계로 여행

● 나는 마술세계를 통과해 간다. 나는 거기에서 무엇을 볼까? 나무, 이파리, 열매, 잔디, 꽃, 물, 향기, 바스락거리는 소리, 동물, 날씨.

● 나는 외로운 마술의 성을 통과한다. 그것은 어디에 놓여 있을까? 건축의 형태, 문, 벽, 창문, 대문. 어떻게 그것을 열까? 뜰, 마당, 궁의 입구, 입구회당, 층계참, 회당, 돌출창, 비밀의 문, 성의 비밀. 모든 것은 생명력이 있고 마법에서 살아나게 된다.

- 나는 한 외로운 섬에 혼자 도착한다. 나는 무엇을 보고, 무엇을 냄새 맡고, 무엇을 들을까? 나는 무엇으로 살아갈까? 나는 어떻게 옷을 마련하여 입을까? 나는 다시 섬을 어떻게 빠져나갈까?
- 우리는 마술양탄자를 타고 근동의 한 도시로 날아간다. 우리는 무엇을 관찰할까? 사람들, 옷, 건축물, 풍경 등
- 우리는 달에 날아간다. 우리는 우리의 우주선을 방문한다. 그것은 어떤 모양을 하고 있는가? 우리는 무엇을 입을까? 무엇을 먹을까? 지루하지 않으려면 무엇을 할까? 우리는 무지개, 대기권 그리고 다양한 날씨를 통과하며 날아간다. 우리는 지구로부터 무엇을 보는가? 우리는 지구의 대기권을 벗어난다. 우리는 이제 무엇을 보는가? 달, 행성, 은하수. 달이 가까이 다가온다. 우리는 달과 지구에서 무엇을 보는가? 우리는 달에 착륙한다.

동물로서 삶

- 한 시간 동안 내가 고양이, 개, 이웃집의 새라고 상상한다.
- 나는 나비가 된다. 나는 애벌레로 산다. 나는 어떤 모습일까? 나는 어떻게 움직일까? 나는 지금 어떻게 느끼고 있지? 나는 기어 나와 한 마리 나비가 된다. 나는 지금 어떤 모습일까? 나는 가장 아름다운 꽃을 향해 날아간다.
- 낙원의 새가 된 나의 삶. 나는 어떤 모습일까? 새 집은 어디에 있고, 어떻게 생겼을까? 나는 누구를 방문할까? 무엇을 향해 날아갈까?

색에 대한 연상

색 발견하기

● 색에 대해 연상되는 다양한 이름을 발견하기. 예컨대 '빨강'은 자홍색, 신호등의 빨강, 산호색, 녹이 든 색, 피색, 루비색, 와인색, 다홍색, 저녁놀, 벽돌색, 딸기색, 연어색, 구리색, 용암색, 불의 색, …… 다른 모든 색에 이러한 이름을 찾는다.

색 다루기

● 컬러 그림책 만들기: 파란 책, 빨간 책, 노란 책 등
● 색 박물관 창조하기: 다양한 색의 가루, 보석, 천 등
● 색의 날 개최하기: 예컨대, '빨간 날'을 정하고 이날은 모두 빨간 옷을 입는다. '빨강' 이야기를 만든다. 어두운 공간 속의 빨간 빛, 빨강 명상
● 색으로 판타지 여행을 고안하기: 하늘색의 나라로 여행하기 등
● 색 카드로 색 찾기: 건축자재 판매소에 많은 색 카드가 있다. 이곳에서는 그 카드에 따라 색을 혼합한다. 아동은 이것을 수집하고 인쇄된 색감을 주변에서 찾는다.
● 색으로 분위기 찾기: 많은 색은 꿈, 좋아하는 책, 아름다움 산책, 음악 그리고 사람과의 만남을 상기시킨다.
● 특정 색에 대한 자신만의 상상을 여기에 나타낸 틀 속으로 투영한다.

나는 네게 다음의 것을 선물한다……

- 천둥 번개 후 하늘의 파랑
- 싹트는 생각의 초록
- 들판 속 양귀비의 빨강
- 겨울의 산양의 갈색
- 얼음사탕처럼 빛나는 가을 낙엽의 노란 갈색
- 새벽 동녘의 산비둘기의 회색
- 움브리아 하늘의 파랑
- 맑은 겨울밤의 흰색
- 초원의 초록과 한낮의 휴식 속 산 다미아노 나무의 초록
- 지난 겨울 갈색 잎사귀 속 첫 설앵초의 파랑
- 너도밤나무의 첫봄 새싹의 초록
- 밝은 봄날 지바꽃의 노랑
- 어두운 소나무 숲 속 너도밤나무 새싹의 황갈색
- 쓰다듬고 싶은 쥐색
- 늦은 오후 황금 바다색
- 늦여름 황야의 빨강
- 가을의 거친 와인의 빨강
- 눈 녹은 빙판에 얇게 물든 오리털
- 아일랜드 초원의 촉촉한 초록
- 곰인형의 부드러운 갈색
- 그리스 주택 문에서 볼 수 있는 파랑

독창성

자기 자신을 받아들이는 것은 종종 쉽지 않다. 사람들은 다르게 보이는 것을 즐기고, 다른 재능, 다른 광채를 갖고 싶어 한다. 그들은 더 매력적이고, 더 이해력이 있거나 혹은 더 학식이 있어 보이고 싶어 하며, 세상을 더 많이 경험하고 싶어 한다. 그들은 자신을 끊임없이 타인과 비교한다. 현실과 희망하는 이미지는 종종 거리가 멀다. 그래야만 할까? 나는 내게 어떤 것을 꾸미지는 않는가? 내가 나 자신의 가능성을 인정하지 않을 때 나는 바뀔 수 없다는 것을 잊지는 않는가? 이러한 놀이를 하는 가운데 나를 회복할 수 있다.

물론 나는 종종 나 자신이 불만족스럽다. 나는 많은 것이 변화되어야 하며, 스스로 윤이 나도록 해야 한다. 나를 지키고, 나의 유일성을 믿고, 나 자신의 길을 스스로 걸어야만 한다. 이처럼 창의적인 사람에게는 자기 스스로를 수용하는 용기가 있다.

자기 자신을 수용하는 생산적 용기가 큰 즐거움이라는 사실을 다음과 같은 시에서 찾아볼 수 있다(모방 활동을 해 보자!).

나는

나는 때로
내 옆에 서서
친절하게 내게
'너'라고 말하지.
나는
너는 한 번도
너에게 없었던
귀감이라고
말하지.
너는
별이고
별은 너이고
그것을 나는
곧잘 즐겨 들어.
(Jürgen Spohn)[12]

"나로 존재한다는 것은 권력의 힘, 통제의 힘 혹은 지루함의 힘에 정체성과 의지가 대항하는지, 이용되는지에 달려 있다. 그러므로 스스로 질서와 동일한 형태를 거부하는 것을 통해 개성의 한계를 넓히는 것이 필요하다."

(David Weeks, Jamie James) [13]

독창성 촉진을 위한 놀이와 연습

움직임 따라 하기
- 스스로 다양한 방식으로 계속 움직이기: 걷기, 살금살금 걷기, 깡충 뛰기, 기어가기, 발을 끌며 걷기, 절뚝거리며 걷기, 춤추듯 걷기, 허둥지둥 걷기, 뛰어오르기, 발을 구르기, 한 발로 깡충 뛰기, 구불구불 기어가기, 손발로 기어 다니기, 포복하기, 비틀거리기, 눈 감고 걷기, 어지러운 듯이 움직이기, 뒤로 혹은 옆으로 걷기, 달리기 혹은 춤추기 등
- 마치 다른 사람처럼 움직이기: 여자, 남자, 아동, 피곤하게, 힘들게, 약하게, 격렬하게, 신경질적으로, 두려운, 희망 없는, 슬픈 것처럼 등
- 어떤 것을 나르기: 분무기, 커피포트, 유리잔, 상자, 유리잔이 놓인 쟁반, 백팩(등에 메는 가방), 아이, 부상 입은 사람, 어린 새, 나비 등
- 누군가를 인도하기: 첫발을 내딛기 시작한 아기, 어지러워하는 사람, 매우 늙은 노인, 맹인 등

역할놀이 하기
- 시장 방문하기, 동물 수용소, 장난감을 파는 상점, 주방용품 전문점 등
- 나는 옷을 입는다: 신발, 바지, 셔츠, 블라우스, 자켓
- 나는 장기 여행을 위해 나의 가방에 짐을 빨리 싼다.
- 열차로 여행: 새로운 여행객이 탑승한다. 나는 대화를 시작한다.
- 나는 ~을 위해 길거리 회의를 개최한다.
- 나는 앵커이고, 누군가를 인터뷰한다.
- 나는 ~을 위한 하나의 당을 만든다. 한 반대파 당이 설립된다. 그 후 전략을 발전시키고, 공적 출현, 가정방문, 좌담회를 개최한다. 매체 활동, 벽보 등

말없이 감정 표현
- 누군가 담배 피우는 것은 나를 해친다.
- 편지를 우체통에 넣는다. 매우 즐겁고, 진지하고, 염려를 하게 하는 내용.
- 나는 서점에 간다. 원하는 책이 서가에 없다/절판되었다. 나는 실망했다.

지도상 유의점

아동을 촉진시키기

- 분위기가 어떠해야 하는지 함께 생각하기, 이를 통해 자기 신뢰를 발달시킬 수 있다: 시간, 인내, 관용 그리고 유머를 갖고, 서로 돕고, 진지하게 받아들이고, 거짓되게 짐짓 꾸미지 않으며, 어느 누구도 무심히 세워 두지 않고, 맞지 않을 때는 지나치게 호기심을 보이지 않는다.
- 나는 아이들에게 나의 체험, 흥분시키는 이야기와 두려운 상황을 아동과 청소년들에게 설명한다.
- 나는 아이들이 성공적으로 활동할 수 있게 돕는다: 그들의 장점은 어디에 있을까? 그들은 어디에서 불안해할까? 나는 그들을 어디에서 긍정적으로 강화시킬 수 있을까? 어디에서 그들은 그들의 능력을 그룹 안에서 증명해 보일 수 있을까?
- 언제 내가 아이들을 자극하고, 도와주고, 지원하고 또는 격려하고, 또는 지루하게 했는가를 생각해 온다.
- 아동들 각각은 오늘 어떤 기회를 가졌는지, 아동들이 오늘 편안하게 느꼈는지, 또한 오늘 하루를 어떻게 평가하는지에 대해 생각해 온다.
- 나는 오늘 아동과 청소년들을 단지 활동만 하게 했는지 혹은 나는 그들에게 다른 사람들, 자연, 사물과 상호작용할 수 있도록 했는지, 그리고 나는 그들에게 어려운 상황에서 인내하도록 도와주었는지에 대해 생각해 온다.
- 나는 아동과 청소년들과 함께 놀이를 하는가? 그들은 놀이를 통해 학습하고, 상호 지각한다. 예컨대, 안부 묻기, 인도하기, 눈 맞추기, 손가락 끝 혹은 손바닥으로 접촉하고 부드럽게 안내하기 등등을 했는가?
- 다른 사람의 감정을 느낄 수 있는 놀이 상황이 있는가(신입생이 불편함을 느낄 때, 독일어를 못하지만 터키어, 그리스어, 일본어, 포르투갈어 등을 잘한다.)?
- 오늘 나 혼자서 모든 절차를 결정하고 진행했는가? 혹은 아동과 청소년들이 자유롭게 결정했는가? 어떤 상황과 장소에서 그들은 자발적인가?
- 어떤 상황에서 그들은 자신, 아동들 서로 그리고 나와의 신뢰를 발전시킬 수 있을까?
- 나는 아동과 청소년의 판타지와 창의성을 발휘할 기회를 주었나? 어디에서 그들이 문제를 인지하고 해결하도록 했는가?

● 오늘날 아동과 청소년은 그들의 유일성과 가치 등을 발견할 수 있는 자신을 감지하는 능력을 가졌는가? 언제 어디에서 그들이 자기 자신을 좋아하고, 즐거워하고, 자랑스러워하는가에 대해 나는 생각하였는가?

● 아이들 중 하나가 실제로 화나고, 슬프고, 절망했을 때, 나는 어떻게 행동했는가? 아이는 내 이해와 상관없이 휴식하고, 타인의 몰이해와 비난으로부터 보호할 시간을 가졌는가?

● 오늘날 아동과 청소년들은 언제 어디에서 용기를 얻고 용기를 보여 주는가? 나는 그것을 이야기했는가? 나는 두려움을 없앴는가?

자신의 태도를 생각하기

● 나는 아동과 청소년들에게 그들을 정말로 좋아한다는 것을 말했는가? 그리고 그것을 그들이 감지하도록 했는가? 당신은 그들은 나의 한 부분이라는 것, 그리고 그들은 나의 관심 안에 있다는 것을 아는가?

● 나는 까다로운 부모와 대립하고 때로 시기심 있는 또래들의 성취 욕구를 받아들이는가? 어떻게 나는 그런 행동을 할 수 있을까?

● 나는 어떤 아동 혹은 청소년의 특이한 태도에 이유가 있을 것이라고 생각하는가(거부, 갑작스러운 울음, 짜증 내기, 우울, 거짓말, 도벽)?

● 심리적·신체적 힘겨루기를 할 때 나는 어떤 태도를 취하는가? 무슨 이유가 있었나? 아동과 청소년들은 그 이유를 알고 있는가? 해결방법을 찾을 수 있나?

● 나는 독선적인 학생과 무엇을 할까? 그들을 어떻게 통합하고 그들의 자존감을 세워 줄까?

● 나는 어떻게 그룹에서 공격성을 지도할까? 독선적이고 주동하는 학생들 그룹 및 동아리 회장과 나는 어떤 관계를 맺어야 할까?

● 나는 종종 역할을 바꾸어 보는가? 성인과 아동의 역할을 바꾸어 보는가?

● '나의 기분이 좋다/안 좋다'는 상황을 다른 사람들은 어떻게 지각하고 받아들이는가?

상상력

그 어느 것도 반드시 같을 필요는 없다. 또한 모든 것은 아주 다를 수 있다. 우리는 일반적인 습관을 포기할 수 있어야 한다. 사물, 상황, 목표, 과제는 한 번은 평상시와는 다르게 해석하고, 형식화하고, 다르게 보고 사용하며, 소위 세계를 약간 거꾸로 볼 수 있어야 한다. 이를 사람들은 '새로 정의한다.'고 말한다.

그러나 정형화된 사고를 버린다는 것은 어렵다. 누군가 '다르게 가야 한다!'고 말하는 것이 정말 새로운 발견들로 이어졌다. '생각을 바꾸는 것'을 연습하기 좋은 미술활동은 대칭 그림을 그리는 것이다. 모래상자 위 중심축의 왼편에 그려진 그림을 오른쪽에 대칭이 되도록 손으로 그리는 것이다. 미리 색지, 특히 두 가지 색(빨강/초록, 파랑/오렌지 혹은 노랑/보라 등)을 모래상자[14]의 유리바닥 아래에 놓는다. 이때 두 가지 색지를 정확히 중심에 붙여 놓는다. 이제 사람들은 모래상자의 왼쪽에서 자유로이 발견한 형태 및 선을 그린다. 이 선묘는 바탕 색지의 색에 나타난다. 그 다음은 이러한 형태를 반사경으로 오른쪽에 묘사한다. 이 묘사는 곧 왼쪽 색의 보색으로 나타난다.

이때 우리의 색 지각 능력은 자극받는다. 우리는 보색 대비를 매우 강하고 빛나게 느낀다. 이러한 대비는 우리의 색에 대한 민감성을 상승시킨다. 예술가들은 자신들의 그림에 종종 이러한 색 대비를 사용한다. 또한 보색 대비는 각각의 색을 가장 강하게 느껴지도록 한다.

우리가 이러한 조형활동을 할 때마다 우리의 판타지, 집중력 그리고 상상력은 자극을 받는다. 우리는 모든 것을 다르게 상상할 수 있으며, 이것은 단지 드로잉 연습에서만 가능한 것은 아니다!

양손으로 하는 연습은 이완된 효과를 가진다. 모래 위에 손가락으로 그리는 것은 특히 잘 묘사된다. 손가락으로 그리는 촉각적 방식은 많은 신경을 자극하기 때문이다. 게다가 신경섬유는 뇌에 연결되어 있기 때문에 촉각적 그림 그리기 놀이를 통해 뇌를 자극할 수 있다. 편안하고 매우 효과적인 방식의 학습! 현대 신경생리학은 이런 학습의 효과를 증명할 수 있다.

상상력 촉진을 위한 놀이와 연습

대안 생각하기
- 신문을 읽는 것 외에 신문지로 무엇을 만들 수 있을까? 제안들을 모으고 실행한다.
- 책상 위에 열 개의 벽돌이 놓여 있다. 그것으로 무엇을 만들 수 있을까?
- 승용차를 위한 대안으로 무엇이 있을까?
- 눈 속에서, 눈으로, 얼음으로 무엇을 만들 수 있을까?
- 밤은 삶아 먹는 것 외에 그것으로 무엇을 만들 수 있을까?

픽토그램 발견하기
- 오월의 나무(역주: 봄을 맞이하고 마을을 소개하는 나무)를 위해 기호를 발견하기(중요한 건축물, 공방, 산업현장, 학교, 지역의 병원 등).
- 도자기 공방, 목공소, 정육점, 제과점, 의상실, 열쇠 수리점, 오토정비소, 전자제품 수리점, 벽돌공, 건축공, 숙박업, 교사, 건축가, 목자, 경찰, 의사, 신부, 판타지와 정신적 활동을 위한 픽토그램 고안하기

콜라주하기

- 알파벳 콜라주: 신문과 일러스트레이션에서 알파벳을 잘라 내어 텍스트로 종합하여 만들기
- 잘라 낸 색종이 면과 형태로 콜라주하기(주제: 풍경, 날씨 그림, 정글, 북극에서, 물속에서 등)
- 오려 낸 인물의 얼굴 사진으로 주제가 있는 콜라주하기

오브제 조형

- 난센스 오브제, 예컨대 톱니가 있고 두 개의 손잡이가 달린 포크 등
- 본래의 쓰임새와 다르게 재료를 활용하여 새로운 형상을 조형하기: 재활용 플라스틱, 합성수지 폐기물로 된 입체, 재활용 나무판으로 형상 만들기

박물관에 관심 갖기

- 미술관과 작은 박물관, 예컨대 작은 달팽이와 조개 박물관, 단추 박물관, 싸구려 나무조각 박물관, 녹슨 오브제, 진기한 뿌리 등
- 식물 표본실: 눌린 식물을 붙여 풍경을 만들 수 있다.

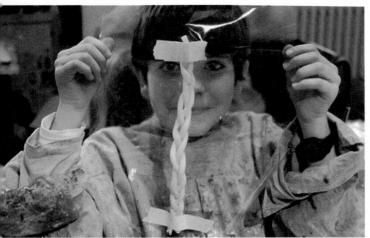

친숙한 것 변화시키기

- 전화, 부엌 찬장, 자전거, 책상, 책가방, 앨범, 점퍼 등을 변화시킬 수 있는 부분은 무엇일까?
- 나의 방 변화시키기: 가구를 다르게 놓고, 다른 그림을 걸고, 벽을 다른 색을 칠하고, ……
- 집을 사육제 동안 변화시켜 보기(오페라 분위기, 은신처, 해적선, 기사의 성, 디스코 등)

Albert Einstein은 그의 복잡한 문제해결의 답을 종종 판타지를 이용하여 얻었다. 그는 진기한 문제를 제기하였다. 예컨대, '광선 여행을 하면 얼마나 좋을까?'라는 문제다. 이러한 그의 실험적 사고가 상대성이론을 탄생시켰다.

판타지는 지식보다 더 중요하다.
(Albert Einstein)

 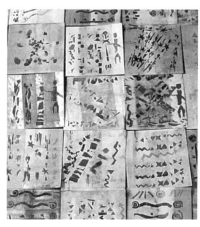 

● 시 쓰기: 여기서 우리는 다른 사람들의 시에 의해 놀라울 정도로 자극을 받을 것이다. 예컨대, Jürgen Spohn의 다음과 같은 'O'에 대한 아름다운 글을 써 본다. 어떻게 시는 모음 A, E, I, O, U, 두 개의 모음으로 된 AU, EU, UI, OI, EI, 움라우트가 있는 Ä, Ö, Ü 혹은 IA, IO, IE, IU을 소리 내는가?

O

Das O
ist rund
und deshalb
rollt es
aus dem Mund
Ach wo
Doch doch
und innen drin
da ist ein Loch
So so
ist außen glatt
so wie
ein Po
das O

O

O는 둥글다
구른다
입에서
아 어디에서
그래그래
그리고 그 안에 있다
거기에 구멍이 하나 있다
그렇다 그렇다
밖은 매끄럽다
마치
엉덩이처럼
O

(Jürgen Spohn) ¹⁵

언어와 함께하는 창의적 놀이

단어와 언어 발견하기
• 새로운 언어 발견하기: 그것이 잘 들리는 대로.
• 한 가지 색채에 새로운 색 이름을 얼마나 많이 붙일 수 있을까?

이야기를 고안해 낸다면 어떨까: '만일 ~ 한다면'
• 우리는 새처럼 날 수 있을까?
• 우리가 땅속, 물속, 공기 속에서 살아야만 한다면?
• 갑자기 돈이 하나도 없다면?
• 전기가 전혀 없다면?
• 2년 동안 태양이 비추지 않는다면?
• 물과 공기가 오염된다면?
• 생필품의 일부가 원자핵 방사능에 노출되었다면?
• 터널이 유럽 땅에서 중국으로 가로질러 있다면?
• 우리가 고양이와 함께 그들의 언어로 서로 이해할 수 있다면?
• 우리가 모든 것을 알기 때문에 더 이상 학습할 수 없다면?
• 갑자기 종이 한 장 없다면?
• 물이 부족하다면?
• 우리가 이중 삶을 산다면?
• 우리가 투명해진다면?
• 나의 집의 벽에 오로지 하얀 캔버스가 걸려 있다면?
• 우리가 비밀의 상징 언어를 찾아 나선다면?

- 시를 계속 짓기: 예컨대, 계속되는 운율을 Jürgen Spohn의 다음과 같은 두 번째 글에 따라서 해 본다. 시작은 '인간은 하나의 ~이다.'로 한다.

　자 이렇게

　인간은 하나의
　특별한 존재
　생각할 수 있고, 계산할 수 있고
　쓸 수 있고, 읽을 수 있고
　자신과 다른 사람들을
　화나게 만들 수 있다
　그리고 예전에 —
　그는 또한 웃을 수 있었다……
　　　　　　　　　　　(Jürgen Spohn)[16]

- 아동은 프리트베르크에 있는 Rose Maier Haid 미술관에서 각각의 오후반 과정에서 시를 배우고 다음과 같은 내용의 무언극 식으로 변형한다.

　부드러운 입김
　배 속의 머리
　배와 발
　발가락에게 인사하며
　　　　　　　　　(Rose Maier Haid)[17]

67

즉흥성

　창의적인 사람은 즉흥적으로 자신의 내적 영감을 따라간다. 그들은 직접적이며, 자발적으로, 빠르게, 즉흥적으로 반응하고 행동하면서 자신의 의지로 자유를 발산한다. 그들은 매우 원초적이며 근원적인 인간이다. 그들의 즉흥성은 사람들과의 관계와 상호작용 및 사람과 사회 사이에서 나타난다. 즉흥성은 학습될 수 있는 것으로, 이를 확신할 때 즉흥성에 대한 두려움이나 방해요소를 최소화할 수 있다.

즉흥성 촉진을 위한 놀이와 연습

등장합니다. 주의집중!
- 연설은 주어진 주제에 관하여 한다(1분).
- 신호는 박수갈채로 표현하도록 한다고 말한다.
- 역할 카드에 따라 연극놀이를 한다(예컨대, 사랑하는 사람, 정원사, 집사, 판매원 등).
- 즉흥적인 패션쇼를 한다(준비시간은 5분).
- 효과음악은 다양한 부엌의 요리기구로 만든다.
- 노래를 부른다.
- 텍스트를 두 명의 목소리로 작곡한다.

판타지 프로젝트 발전시키기
- 종이로 판타지 고깔모자를 만들고, 발표하고, 표창한다.
- 마스크를 만들고 역할놀이를 하며 움직임 놀이를 고안한다.
- 특별한 이벤트를 위한 선물을 만든다(50일 동안 담배를 끊었다. 1주일간 사순절을 지켰다. 10번째 칭찬을 받았다 등).

집중, 용기 그리고 시민의 용기

창의적인 사람은 고도의 집중력을 가지고 있다. 그들은 어떤 흥미 있는 일을 할 때 몰두하며 동시에 일을 확대하고 싶어 하여 외양화한다. 이것은 창의적인 사람들이 그들이 상상하는 것을 무조건 보여 주고 싶어 한다는 것을 의미한다. 이것은 상황에 따라 많은 자기극복과 용기를 필요로 한다.

창의적 실행에 따른 산물은 새롭고 예기하지 못한 것이기 때문에 다른 사람에게는 종종 낯설고 비난, 부정 혹은 공격의 대상이 된다. 그러나 창의적인 사람은 타인의 비난과 공격에 개의치 않는다. 그들은 표현하고 싶어 하며(다시 말하자면, '그들은 드러낸다.'), 자신의 입장을 강력하고 충만한 열정으로 대변할 줄 알기 때문에 타인의 부족한 반향이 그들의 표현을 멈추게 하지는 못한다.

분석력과 종합력

창의적인 사람은 분석에 재능이 있으며, 동시에 어떤 것을 총체적으로 이해할 수 있다. 창의적인 과정에는 합리적이고 수평적인 사고가 필요하다. 초기 상황에서는 합리적이며 논리적인 사고를 하게 된다. 이런 사고는 맞고 틀린 결정에 대한 정확한 검증에 따른 결과를 목표로 한다(수렴적 사고). 이에 반해 소위 수평적 혹은 확산적 사고의 경우 광범위한 가지치기 범위에서 일어나는 사고다.

여기에 창의적이고 정서적이며 판타지가 강조된 해답이 있다. 문제 분석과 비판적 결과에 대한 판별, 그리고 계획 전략과 연속 구조는 대체로 수렴적·분석적 사고과정에 의한 것이다. 전체적 시각, 커다란 맥락으로 파악하는 것, 적절한 형식을 발견하는 것 그리고 종합력은 대체로 확산적 사고과정에 따른 것이다. 창의적인 사람은 이상과 같은 두 가지의 사고 능력을 가지고 있으며, 그것을 필요로 한다.

인 내

주어진 과제에 몰입하는 것은 좋은 경험으로 마치 우리가 비행하는 동안 먹고 마시는 것을 잊듯이 피곤을 잊고 행복하고 만족스럽게 시간을 보낼 수 있게 한다. 동기는 우리를 둘러싼 모든 일을 잊을 만큼 열정을 불러일으키고, 흥미를 느끼게 해 주며, 이때 시간과 공간은 어떤 영향도 미치지 못한다.

그것은 때로 아주 다르게 진행될 것임을 예측할 수 없다. 새로운 용기와 함께 우리는 작업에 몰두하고 지속적으로 관심을 갖게 된다. 우리는 종종 재미를 잃고 실제로 중단하고 싶고 귀찮아지지만 계속해야 한다.

창의적인 사람은 다른 것보다 이러한 상황을 더 잘 극복한다. 창의적인 사람은 설령 어떤 일이 때로 어렵다 할지라도 그 일을 끝까지 마무리할 줄 안다. 항상 몸소 과제를 수행하는 것은 아니지만, 창의적인 사람은 한 번 시작하면 끝까지 마무리한다. 집요함, 인내 그리고 많은 양의 연습이 창의성을 발현시킨다.

70

창의적 과정은 단지 익숙한 과정, 절차, 방법 혹은 기법에 의해 진행되는 것이 아니기 때문에 목표를 일관되게 추구하는 것이 중요하다. 어려움을 의식적으로 해결할 다양한 전략이 있어야 한다.

창의적인 사람들은 실제 작업을 통해 항상 시행착오를 겪으며 막다른 골목과 샛길에서 벗어난다. 실제 작업은 오로지 음미하고, 실험하고, 또한 경험을 쌓고, 이에 대한 가치를 판단하는 행동으로서 이러한 과정 하에서 새로운 이해와 함께 통찰력으로 새로운 해법을 찾아내고 문제 접근을 다른 관점에서 하게 된다. 중요한 점은 해법 탐색을 하는 동안 개별 해법의 세부는 항상 단계적으로 발달하고 연속적으로 변화된다는 점이다. 우리는 이러한 방식으로 점차 하나의 해결 방식을 찾아내는데, 이 과정에서 우리는 목표에 도달하게 되므로 목표를 숙지하고 있어야 한다. 또한 목표를 달성하여 최고점에 이를 때까지 일어나는 이러한 일련의 과정은 역동적이고 재미있기도 하지만 많은 어려움과 고통을 동반하기도 한다. 그러나 창의적인 사람은 일을 끝까지 수행한다.

모순에 대한 너그러움

창의적인 사람은 그들의 환경을 주의 깊게 비판적으로 관찰한다. 왜냐하면 그들은 사물을 변화시키고 싶은 욕구를 가지고 있기 때문이다. 그들은 매사 주어진 것을 결정적인 것으로 생각하기보다는 오히려 아주 다른 해결 방법을 상상한다. 이러한 태도는 설령 그들이 빨리 문제를 해결하지 못하더라도 모순에 너그러워질 수 있는 내적 자유에 의한 것이다. Heinz-Rolf Lückert는 자신의 갈등심리학에서 서술한다.

"현실적 조화는 인간 없이 존재하지 않는다. 긴장 억제는 단지 지나가는 과정이다."[18]

인간은 갈등 상황 속에서 살고 있으며, 갈등과 마주하고 있다. 갈등의 원인은 고유한 개체, 사회문화적 환경 혹은 자연환경으로부터 기인한다. Lückert는 그의 책에서 갈등의 힘을 내면과 외면 세계, 동시대 사람들 그리고 가치세계의 충족과 관련하여 서술한다. 그는 갈등들이 발생할 수 있는 여러 영역을 명명한다. 예컨대, 동시대 사람들의 경우 갈등 영역은 교제, 접촉, 존경과 사랑, 권리 보호, 자율성, 독립성, 격리, 거리감, 지배, 우월성, 성공, 보복과 반대, 모순, 비판, 굴종, 돌봄 등이다.

경험과 관찰에 의해 이러한 영역들과 관련한 갈등 상황을 쉽사리 명명하고 서술할 수 있을 것이다. 물론 일시적 혹은 전적으로 해결 불가능한 갈등도 있는데, 이러한 것들은 우리를 부담스럽게 하며, 우리의 사고와 결정을 규제하고, 우리를 흥분하게 할 것이다. 우리가 모순을 얼마나 관대하게 받아들이는지에 따라 갈등을 정확히 분석하여 해결전략을 발전시킨다면, 대부분 해결될 수 있을 것이다.

창의적인 사람은 실제로 웬만한 것은 고통으로 받아들이지 않는다. 그래서 그들은 자신의 내적 자유를 다시 얻기 위해 혹은 그것을 다시 간직하기 위해 모순에 대한 해결책 혹은 정신적 가설을 가지고 판타지와 놀이를 이용하며, 이를 통해 생존 전략을 세워 나간다. 창의적인 사람은 해결할 수 없는 갈등을 통해 새로운 생활을 시도한다.

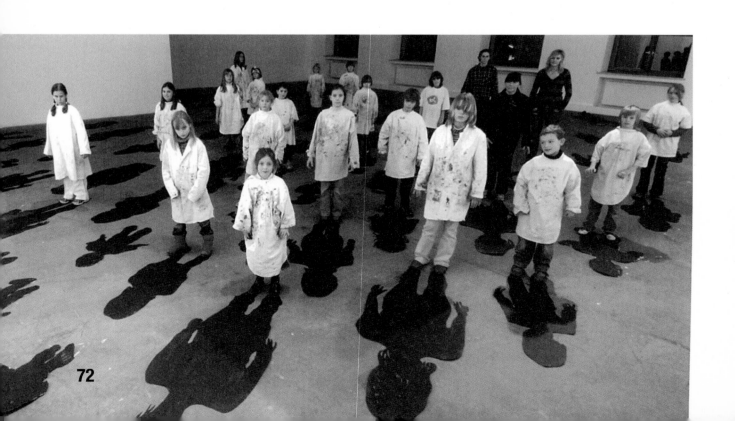

"고통 없는 삶은 없다. 태생부터 심리적 동요를 체험하고, 종종 부당함, 혐오감, 냉대, 실망 등의 삶의 무거운 짐을 느끼며 살아간다. 부족함, 물질적 결핍, 죽음, 늙어 감, 좋아하는 것을 마련하는 것, 불행한 사건들이 모두 삶에 속한다. 선호하는 삶에는 어떤 부담이 있다. 나는 내 아들의 말 '무엇이든 누군가에게는 항상 좋은 것이다.'를 기억한다."
(Paul Tournier) [19]

그러나 갈등은 각자를 위한 하나의 기회 또한 의미한다. 우리는 일상적으로 생각하지 않은 문제에 의미를 묻곤 한다. 이러한 의미의 재구조화는 우리를 더 성숙하게 할 것이며, 갈등은 궁극적으로 자유의 기회가 될 것이다.

여유와 유머

창의적인 사람은 다른 사람보다 여유가 없을지라도 짧은 여유를 즐길 수 있다. 그것은 인간의 모든 불완전성, 세계와 사회의 불충분성에도 불구하고 웃을 줄 아는 하나의 타고난 재능이다. 일상의 어려움, 관계, 실패와 실수, 소위 아침부터 어떤 차이 나는 손실을 알고도 그것을 심각하지 않게 받아들인다는 것은 쉽지 않은 일이다. 유명하고 강력한 유머는 많은 사실을 잊는 데 도움을 줄 수 있다. 그러나 어디에서 절망하고 주저함 없이 그 힘을 얻을 수 있을까? 그것은 상처 없는 자기 자신으로 동요되지 않는 인간에 대한 관심과 사랑 그리고 자신의 운명과 한계에 순종하지 않고 맞서는 용맹으로부터 얻을 수 있다.

"내 머릿속에는 책 한 권이 있다. 그 안에는 자모가 하나도 없다. 그러나 내가 이미 체험한 것들이 있다. 그리고 좋지 않은 쪽이 오면 나는 그냥 넘겨 버린다."
(Lisa, 5세)

우리는 원칙적인 삶에 대한 답을 Wilhelm Busch의 인식에서 찾을 수 있다. "사람들이 어떤 상황에서도 웃을 때 유머가 존재한다(역주: trotz-dem은 본래 trotezdem의 말놀이다. trotz는 '비록 ~일지라도'라는 의미이고, dem은 3인칭 관사임)!" 그리고 창의적인 사람은 즐겨 웃고 기꺼이 즐긴다. 설령 그들에게 종종 다른 면이 있어도, 사실 다른 면이 있기 때문에 유머를 좋아할 수도 있다.

성공적인 발명가는 이러한 능력을 가지고 있다
Johannes Kirschenmann과 Artur Fischer와의 대화

성공하고 싶어 하는 발명가는 창의적인 사람을 이루는 모든 능력을 가져야만 한다. 뮌헨 조형미술대학 학장인 Johannes Kirschenmann 교수, 그리고 피셔 기업의 창시자이자 2009년 90세에 독일 창설자상을 받은 Artur Fischer와의 인터뷰는 이러한 사실을 명료하게 보여 준다. 풍부한 발명을 한 창조적 회사의 창시자인 Fischer는 거의 1,200개의 발명을 하고 특허를 받았다.

> 네가 더 이상 웃을 일을
> 찾을 수 없을 때,
> 여전히 너는 너 자신과 함께한다.
> (Patrick Kelly, 리버풀 주교)

그는 자신이 계획한 피셔듀벨(역주: 피셔 회사에서 만든 학습교구)과 피셔기술 조립상자뿐 아니라 먹을 수 있고 퇴비가 될 수 있는 감자전분으로 된 어린이 장난감을 만들어 성공하게 되었다. 인터뷰에서 Fischer는 그가 어떻게 많은 특허를 받게 되고, 어디에서 미술과 기술 간의 융합을 시도하게 되었는지를 말한다.

"설령 내가 그림을 그리더라도 매번 그림을 그릴 때 용기가 필요하듯 나는 호기심과 위험에 따른 용기가 필요하다. 위험은 연습과 결부되어 있고, 열정을 필요로 한다. 열정 없이는 아무것도 일어나지 않는다. 오직 열정만이 갑작스러운 실망을 극복하고 작은 단계를 계획하도록 도와준다.

중요한 것은 내 앞에 있는 파트너를 위해 무엇을 해 줄 수 있는가를 생각하는 것이다. 누구를 위해 만들고, 누구에게 그것이 필요하고, 그것이 무엇으로 사용될까? 발명 아이디어가 먼저 모델로 구체화되고 장애물들이 보일 때, 유용성은 비로소 검증된다.

발명할 때 창의성 발현을 방해하는 가장 나쁜 요인은 빨리 끝내고자 하고 빨리 돈을 벌려는 목표로, 나는 오직 돈을 벌려고 일한 적이 한 번도 없다. 대신 나는 과제를 해결하기 위해 일했다. 나는 유용한 결과를 가져와야만 한다며 나 자신에게 질문했다. 예컨대, 무엇이 기술자의 작업을 개선시켰는가? 나는 그것에 몰두하며 문제를 경험하기 위해 그처럼 작업해야만 한다. 그는 내게 결코 말하지 않을 것이다. 나는 이러저러한 상황에서 이것저것을 필요로 한다는 사용자와의 대화 중에 해결책이 떠오른다. 나는 훈련받은 방식에 따라 일하지 않는다. 나는 실험하고, 다른 사람과 토론하고, 계속 계획하고 시험해 본다. 나의 환경, 나의 고용된 개발자들을 내 작업에 개입시킨다. 그들의 제안을 포기하는 것은 어리석은 짓이다.

발명가와 예술가 사이에는 공통성이 있다. 작업의 정교성은 두 집단의 경우 동일하다. 두 집단에서의 성공의 열쇠는 열정이다.

나는 예전처럼 나사 바이스와 공구가 있는 작업실에 피난처를 마련해 두었다. 그곳 벽에는 그림도 걸려 있다. 나는 이 그림들을 스스로 그렸다. 나는 그것들을 항상 다시 실험해 보고 변화시킨다. 나의 작업실은 나의 놀이 공간이나 마찬가지다. 거기에 나 홀로 있어 정신적으로 집중할 수 있다. 문제해결이 안 될 때 나는 거기에 머문다. 내가 혹 '그것은 안 돼.'라든가 '그렇게는 안 돼.'라고 말하는 것과는 차이가 있다. 발명 과정에서 첫 번째 해법을 계속 작업하고 객관화하는 것은 내게 중요하다. 나는 지금 어떤 것을 발명한다고 말할 수 없다. 나의 주어진 상황을 개선하려면 거기에서 시작해야만 한다. 나는 시장에 가상으로 질문할 수 없다. 나는 구체적으로 어떤 것을 제공해야만 한다. 그럴 때 나는 하나의 반향을 얻는다.

나는 발명 창설자상을 바덴 뷰르템베르그 주와 함께 공동으로 마련했다. 나는 이 상을 아래에서부터 시작하고 싶다. 학생들의 발명 정신을 촉진시키려고 한다면 학생들을 교육해야 한다. 학생들은 완전히 자유로운 판타지를 통해 탁월한 결과를 얻게 될 것이다. 이러한 판타지는 지식 혹은 기능적인 능력으로부터 나오는 것이 아니다. 수상자들은 성공적 발명에 대해 발표할 수 있도록 초대받게 된다. 그렇게 함으로써 우리는 그들이 성공하도록 돕고 싶다.

젊은 사람들에게 어떤 새로운 것을 만들고, 어떤 것을 발견하도록 설명해 주는 일은 즐겁다. 나는 결과를 위계적으로 평가하지 않는다. 아이들은 충분히 몰입하여 크게 흥분된 기분으로 작업한다. 이것은 아주 개인적인 방식으로 각자 강점을 가지고 있기 때문에, 내가 평가척도를 가지고 갈 때 나는 내 동기를 버릴 것이다. 아이들은 그들의 특수한 영역에서 모두 창의적이다.

나의 어머니는 끊임없이 나의 아이다운 발명이나 나의 만들기를 칭찬하셨다. 그리고 그녀는 내가 왜, 어떤 것을 어떻게 해결했는지 내게 물으셨다. 격려해 주는 일은 아주 중요하다. 또한 이상한 상상이라 할지라도 망가지게 해서는 안 된다." (Artur Fischer)[20]

4. 훌륭한 아이디어는 조직될 수 있다
― 창의적 기술

우리는 창의성을 촉진시키는 다양한 사고와 행동 전략을 안다. 각 학습자와 모든 교사는 실제로 이러한 것들을 기본으로 갖추어야 한다. 여기에는 컴퓨터와 같은 펜과 종이, 특징 열거하기, 형태상자, Alex F. Osborn의 브레인스토밍 기법, 체크리스트 등이 있다. 이러한 것들은 단시간에 새로운 해결책을 만들고 서로 생각하고 행동하도록 훈련시킨다. 몇 가지 기법을 짧게 소개하면 다음과 같다.

특징 열거하기

특징 열거하기 방법은 Robert P. Crawford에 의해 1954년에 개발되었으며, Gary A. Davis, Mary E. Manske와 Alice J. Train에 의해 1967년에 개선되었다. 이 방법은 가능한 제품, 문제, 상황(크기, 형태, 색, 재료, 환경, 성격 등) 등 많은 속성을 열거하는 것이다.

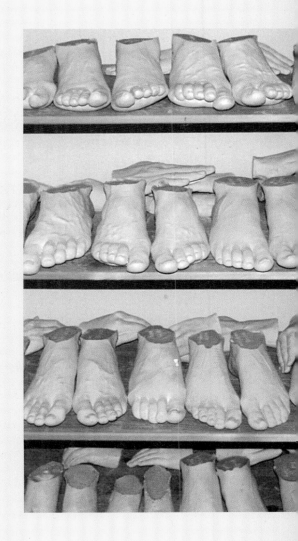

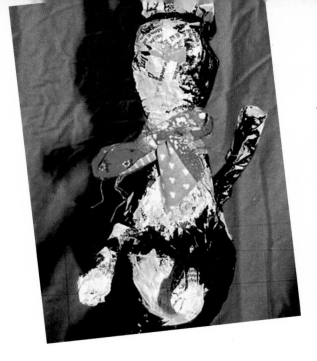

이를 통해 한편으로는 문제 제기의 토대가 크게 확장되며, 다른 한편으로는 이러한 소재 수집을 통해 전혀 생각하지 못했을 법한 영역이 언급된다. 열거된 각 속성과 함께 전의식에서는 하나의 현상 고리가 자극받고, 이것은 마침내 문제 해법을 위한 매우 투명한 배경을 만들어 낸다. 아이디어, 말, 연상 등으로 유창하게 기억하는 것이 유창성인데, 이것은 이러한 방법으로 촉진된다.

우리가 예컨대 수업에서 어떤 주제를 처리하기 전에 앞에서와 같은 방식의 목록을 세운다면, 사고결과는 근본적으로 더 차별화되고, 더 다양해진다. 궁극적으로 이러한 '워밍업'을 통한 추상적 개념 형성은 다시 구체적인 것으로 회귀한다. 연상을 유연하게 하는 인큐베이션 단계인 탐색 단계는 훨씬 더 쉽게, 더 유쾌한 놀이방식으로 진행될 것이다.[21]

아동이 고양이를 묘사하고 싶어 하더라도 어떻게 관찰해야 하는지, 어떤 순서로 묘사해야 하는지 정확히 알지 못할 수 있다. 그러므로 우리는 열거('고양이의 특징과 속성' 목록 참조)를 하며 시작한다. 그림에서 많은 특징이 가능한 한 명료하게 그려지면, 그림은 어떻게 보일까?

고양이의 특징과 속성

- 색: 검정, 흰색, 갈색, 회색, 줄무늬가 있는 혹은 점무늬가 있는, ……
- 독특한 특징: 가슴에 흰 점, ……
- 크기: 작은, 매우 큰, ……
- 털의 길이: 매우 짧은, 복슬복슬한, 긴 털을 가진 꼬리, ……
- 신체 형태: 작고 둥근 머리, 뾰족한 귀, 긴 등, 긴 꼬리, 콧수염, ……
- 행동: 뻗을 수 있다, 엉덩이로 몸을 꼿꼿이 세울 수 있다, 몸을 굴려 말 수 있다. 매우 넓게 뛸 수 있다, 나무를 탈 수 있다, 오래 기다린다, 꼬리로 뾰족하게 움찔한다, ……
- 음식: 고양이 우유, 고양이 먹이, 쥐와 새, ……
- 집: 고양이 바구니 안, 옷장, 서랍, 나무 위, ……
- 고양이의 이름과 외모, 행동과 습관
- 고양이와의 체험 등

형태상자

형태상자는 Fritz Zwicky에 의해 개발되었다. 형태상자는 확장된 실험 영역을 구조하고 조직하는 것을 가능하게 한다. 형태상자를 만들기 위해서는 먼저 문제가 분석되어야 하고, 분석된 요소들이 그룹화되어야 한다. 그룹화된 요소들은 다시 한 번 구분되고, 구조화되며, 마지막으로 교사는 아동들과 함께 각 요소들을 조합해야 한다. 아동은 인큐베이션 단계에서 전의식(혹은 무의식)을 의식화하는 것을 반복한다. 이러한 결합을 통해 모든 요소는 풍부한 가능성들로 나타나게 된다.[22]

사 례

아동은 문제 영역 '젖은 종이와 색'으로 실험해야 한다. 문제 분석은 네 가지 요소의 그룹으로 분류하여 한다.

1. 적용한 종이의 종류
2. 색의 일관성
3. 종이의 젖은 정도
4. 채색

요소의 그룹을 정교하게 구조화시켜 긴 목록을 만든다. 단지 몇 가지 정도만 열거될 수도 있다.

1. 적용한 종이의 종류: 드로잉용 종이, 수채화용 종이, 부드러운 한지, 필기용 인쇄종이, 일본종이 등
2. 색의 일관성: 수채물감, 포스터컬러, 아크릴물감, 핑거페인트, 유화
3. 종이의 젖은 정도: 촉촉한, 질척한, 부분적으로 촉촉한, 부분적으로 질척한
4. 채색: 그리기(붓으로), 뿌리기, 떨어뜨리기, 번지게 하기, 닦어내기 등

형태상자는 다음의 표와 같이 제작될 수 있다. 이 상자로 각 단의 요소를 다른 것과 조합시켜 구조적으로 작업한다. 전체 네 개의 상자가 관련된다.

수채물감으로 촉촉하게 젖은 종이 위에 그림 그리기
포스터컬러로 촉촉하게 젖은 종이 위에 그림 그리기
아크릴물감으로 촉촉하게 젖은 종이 위에 그림 그리기
수채물감을 가지고 젖은 종이 위에 뿌리기
포스터컬러를 가지고 젖은 종이 위에 뿌리기
아크릴물감을 젖은 종이 위에 뿌리기 등

종이	색	젖은 정도	채색
인쇄종이	수채물감	촉촉한	그리기
수채화용 종이	포스터컬러	질척한	뿌리기
드로잉용 종이	아크릴물감	부분적으로 질척한	떨어뜨리기

3줄 형태상자의 모든 요소를 철저하게 실험하면 81가지의 실험 가능성이 발생한다.

형태상자에 따른 체크리스트

소리	효과	움직임	드로잉	그리기	판화
소리치기	온화한	유기적인	점찍기	붓으로	재료판화
속삭이기	조화로운	어눌한	선묘	주걱으로	섬유판화
힝힝하기	날카로운	느린	명암 넣기	스펀지로	고무판화
귓속말하기	리드미컬한	빠른	윤곽 그리기	흐르듯이	스탬프판화
쉿쉿 소리 내기	멜로디적인	서두르는	톤 넣기	면으로	석고판화
노래하기	슬픈	경쾌한 발걸음의	조직하기	떨어뜨리는	석판화
말하기	재미있는	깡충깡충한	진하게 하기	눌러 부수기	목판화
헛기침하기	진지한	흐르는 듯한	이완시키기	벗기기	끈판화
기침하기	상기된	품행이 바른	배열하기	닦아 내기	공판화
이야기하기	고상한	품위 있는	뿌리기	혼합하기	모노타이프

독특한 도구	음향효과 내는 방법	긴장	색
병	떨어지게 하기	적극적 – 수동적	빛나는 – 탁한
냄비	문지르기	자유로운 – 경직된	밝은 – 어두운
솔	줄질하기	부풀어 오른 – 꺼진	덮는 – 투명한
빗자루	두들기기	높은 – 낮은	촘촘한
흔둥기	흔들기	견고한 – 약한	따뜻한 – 차가운
수도꼭지	굴리기	정적인 – 역동적인	보완하는
격자	찢기	……	동시의
요리주걱	꺾기		점진적인
숟가락	휘바람 불기		친밀한
포크	박수치기		주관적인
			상징적인

브레인스토밍

Alex F. Osborn은 1940년대에 세계적으로 유명한 브레인스토밍을 개발했다. 그것(뇌폭풍)은 몇 가지 심리학 연구에 의한 비판에도 오늘날 가장 효과적인 창의적 사고를 위한 방법으로 중요하게 간주된다. 개인적인 브레인스토밍과 그룹으로 하는 브레인스토밍 방법이 있다. 브레인스토밍은 외부로부터의 자극에 의해 아이디어가 생성되는 연상이론에 기초한다.

사례: 그룹 브레인스토밍

그룹 브레인스토밍을 위해서는 창의적 사고가 가능한 한 방해받지 않는 상황을 만들어 주어야 한다. Osborn은 여기서 '지연된 반응'을 유도하며, 두 단계로 브레인스토밍을 하도록 한다. 1단계(초록불 단계)에서는 양이 추구되고, 2단계(빨간불 단계)에서는 질이 추구된다.

초록불 단계

문제 제기는 브레인스토밍을 하기 이미 며칠 전에 이루어지는 것이 가장 좋다(온기를 넣어 주는 단계). 그룹은 8~15명으로 구성된다. 일반적으로 8명 그룹이 이상적이라고 한다. 많은 시간을 경청하는 것으로 보내야 하기 때문에 먼저 두 명의 회의기록자를 정한다. 그룹회의는 평정척도로만 기록된다. 이때 회의기록자는 회의에 참여할 수 있다.

브레인스토밍의 시간: 15~20분이 적절하다. 첫째, 비판이나 토론을 금한다. 둘째, 이상적인 생각을 허용한다. 이상의 활동규칙을 통해 사회적으로 어려움 없이 진행할 수 있으며, 자신이 맡은 역할에 대해 수치심을 느끼지 않도록 할 수 있다.

번호	프로젝트	활동			보조수단			효과	
		적다	보통	많다	적다	보통	많다	단기적	장기적

그러나 우리는 상대에게 독특한 아이디어로 혁신을 끌어내기를 기대한다. 브레인스토밍의 실제 경험을 통해 그것이 우리의 반응을 지연시키거나 신속히 합목적성과 현실성과 관련하여 생각하지 않는 것이 어렵다는 것을 알게 된다.

빨간불 단계

두 번째 단계에서는 초록불 단계에서 나온 풍부한 아이디어를 분류, 분석하고, 이어서 현실화시킬 수 있는 단계다. 이 단계에서 사람들은 현실화가 어려운 것, 보조수단을 가지고 현실화할 수 있는 것—과다 비용으로 현실화시킬 수 있는 것 등으로 구분된 목록을 확보하기 위해 표를 사용한다(아래의 상자 참조).

초록불 단계를 위한 질문 예

- 우리는 판타지 학교를 어떻게 설립할 수 있을까?
- 우리는 아이디어로 주변인, 정치가, 후원자를 열광시킬 수 있을까?
- 우리는 실천을 위한 자금을 어떻게 마련할 수 있을까?
- 우리는 신문사에 어떻게 정보를 전달할 수 있을까?
- 우리는 유사한 관심을 가진 사람들을 어떻게 찾을 것인가?
- 어떤 공간이 적절할까?
- 이러한 공간은 어떻게 배치되어야 할까?
- 공간에서 무엇이 일어나야 할까?
- 우리는 어떤 도구와 색을 필요로 하는가?
- 우리는 익숙한 구조를 이용할 수 있을까?

빨간불 단계를 위한 질문 예

- 결과 평가하기
- 가능성 있는 최고의 해법 선정하기
- 기간과 시간표를 계획하기
- 누가 무엇에 적임자인가?
- 언제 무엇이 일어나야 하는가?
- 언제 행동하기 시작해야 하는가?

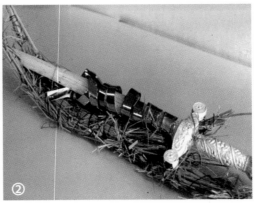

체크리스트

체크리스트는 미술수업에서뿐 아니라 다른 교과 영역에서도 여러 측면에서 적용 가능하다. 뿐만 아니라 체크리스트는 미술과 자연과학 그리고 공학 문제의 경우에도 해법을 찾는 데 도움이 된다.

Osborn의 체크리스트

Alex F. Osborn은 독특하고 혁신적인 해결 방법을 찾을 수 있는 체크리스트 체계를 개발했다. 이 체크리스트는 이질적인 배열을 구조화시킨다.

Osborn의 체크리스트 특성은 예컨대 탈무기화 캠페인에 잘 나타나 있다.[23]

① 다르게 적용하기
사람들이 무엇을 어떻게 다르게 사용할 수 있을까? 사용이 변경된다면 어떤 용도로 활용될까? 등

② 적용
무엇이 그렇게 비슷한가? 어떤 대등한 것을 끌어낼 수 있을까? 나는 무엇을 복제할 수 있을까? 등

③ 변경하기
사람들은 의미, 색, 움직임, 음향, 냄새, 형태 그리고 크기를 변화시킬 수 있을까 혹은 첨가할 수 있을까? 무엇을 더 변화시킬 수 있을까? 등

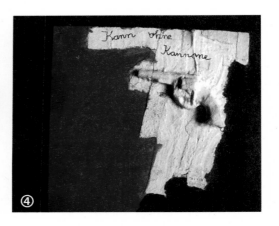

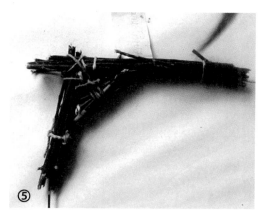

⑤   ⑥

④ 추가하기

우리는 무엇을 추가하고 배가시킬 수 있을까? 시간? 빈도? 장점? 높이? 길이? 두께? 등

⑤ 대체하기

우리는 무엇으로 그 성분을 바꿀 수 있을까? 다른 재료를 적용할 수 있을까, 과정을 다르게 구성할 수 있을까? 다른 힘의 원천은? 다른 장소, 다른 입장 등

⑥ 재배열

우리는 구성요소를 교환할 수 있을까? 다른 순서? 원인과 결과를 전이시킬 수 있을까? 등

⑦ 반전시키기

긍정적 혹은 부정적으로 뒤집어질 수 있을까? 반대되는 것과는 어떻게 되는가? 우리는 그것을 거꾸로 움직이게 할 수 있을까? 우리는 역할을 바꿀 수 있을까? 등

⑧ 결합시키기

우리는 단위들을 결합시킬 수 있을까? 우리는 의도를 결합시킬 수 있을까? 우리는 아이디어를 결합시킬 수 있을까? 등[24]

"아이디어 체크리스트는 주로 독창적인 생각을 자극하는 데 쓰인다. 그래서 그것은 보완으로 생각해야 하며, 창의적인 행동의 직관적인 대안으로 생각해서는 안 된다."[25]

(Gray A. Davis)

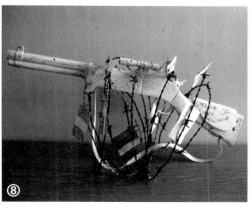

⑦   ⑧

교육적 행동 계획을 위한 체크리스트

　판타지 학교에서는 국가 교육과정을 반영하지 않는다. 그렇다고 해서 수업 시간을 철저히 생각하여 준비하지 않는다는 것을 의미하는 것이 아니다. 다음의 체크리스트는 수업시간 계획의 촉진을 위해 마련된 것이다. 그러나 프로젝트 계획은 진행과정에서 변화될 수 있다. 판타지 학교에서는 교사가 아동처럼 예측하지 못한 것에 반응하고 즉흥적 재능을 보여 줄 필요가 있다.

교육적 행동과 프로젝트 계획에 대한 체크리스트

지각하기

참작하다, 주의하다, 무언가를 알다, 터득하다, 파악하다, 이해하다, 발견하다, 구별하다, 탐색하여 찾아내다, 특징짓다, 예상하다, 확인하다, 관찰하다, 명명하다, 적어 두다, 유념하다, 구현하다, 보다, 느끼다, 맛보다, 냄새 맡다, 붙잡다

분석하기

설명하다, 질서를 세우다, 분류하다, 목록을 세우다, 범주를 세우다, 특징화하다, 선정하다, 명료하게 해석하다, 비교하다, 대립시키다, 정의하다, 나타내다, 서술하다, 묘사하다, 검증하다, 결과를 내다, 배제하다, 연구하다, 그룹화하다, 대화로 문제를 해결하다

생산하다

실행하다, 완성하다, 변화시키다, 확장시키다, 축소시키다, 종합하다, 조성하다, 조합하다, 실험하다, 시험하다, 즉흥적으로 하다, 변화시키다, 계획하다, 준비하다, 구현하다, 구조하다, 변형하다

평가하다, 비평하다

사정하다, 규명하다, 파악하다, 결정하다, 비판하다, 시인하다, 부인하다, 선호하다, 의견을 형성하다, 수집하다, 추측하다, 상상하다, 정렬하다, 이론을 형성하다, 평가하다, 어림잡다, 인정하다, 답하다, 논하다, 질문하다, 인용하다, 주석하다, 주장하다, 이의를 제기하다, 전하다, 송달하다, 토론하다, 설명하다, 표지를 세우다, 일반화하다, 명명하다, 제안하다, 증명하다, 재인용하다, 관련시키다, 기억하다, 입장을 취하다, 말로 표현하다[26]

5. 판타지와 창의성 촉진

아동의 이미지 언어는 어떻게 발달하는가

유아는 익히 잘 알려진 것처럼 난화로 시작한다! 아주 어린 유아들은(그들에게 허용될 때) 식판이나 쟁반에 죽이나 침으로 즐겁게 마구 그린다. 종종 손가락이나 손 전체가 반죽판, 모래 혹은 흙 속에 있다. 이런 활동 중 아동은 변화를 알아차리며 그것을 최초의 그림 그리기 경험으로 생각하고 굉장히 재미있어 한다. 연필은 종이 위에 흔적을 남기며, 연필로 한 낙서는 실제 문화적 행위로 수용되지만 유아들이 마구 문질러 그리는 최초의 조형적 탐색은 종종 문화적 행위로 인정되지 않는다.

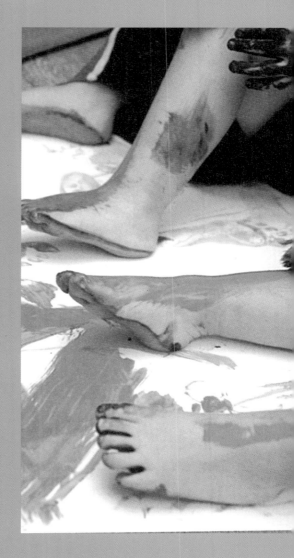

 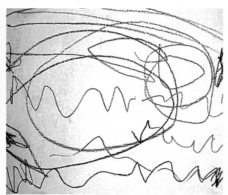 

많은 유아는 벽에 엄마의 립스틱으로 놀라운 흔적을 남길 수 있다는 것을 발견한다. 때로 그런 유혹을 이기지 못해 마호가니 테이블에 흔적을 남기기도 하고, 아스팔트 위의 스톤블록 위에 남기기도 한다. 이상적인 경우는 전지 위에 두꺼운 크레용으로 표현하는 것이다. 여기에 시각적으로 표현되는 것은 본능적인 욕구다. 그것은 '언어뿐 아니라 그림으로 표현되는 욕구'(Rudolf Seitz)다.

물론 각 유아는 자신의 모든 고유한 개성과 이미지 언어를 사용한다. 그럼에도 우리는 특정한 조형 발달 단계를 인식할 수 있다. 이것은 정적인 도식으로 이해되어서는 안 된다. 유아는 보통 한 번은 일정한 단계를 건너뛰거나 혹은 상대적으로 오랫동안 드로잉 단계에 머물기도 하고 혹은 초기 단계로 퇴행할 수도 있다. 따라서 우리는 대략의 연령 정보를 만들 수 있을 뿐이다.

아동의 이러한 이미지 언어의 발달 단계를 어떻게 볼 것인가? 초기에 유아는 크레용이나 연필로 우연한 운동 흔적을 만들어 낸다. 움직임은 모든 신체에서 나오며, 전체 팔을 회전하지만 부자연스러운 움직임이다. 유아가 천천히 점차 움직임을 통제하기 시작하면서 눈과 손이 협응하고 움직임의 흔적은 더 구체화된다.

선, 직선, 지그재그선, 나선형이 나타난다. 그 후에 '태초의 십자' 형태가 종종 관찰되는데, 직립으로 걷고 서는 것은 사람을 나타낸 것이다. 십자 형태들은 공간에서의 방향을 나타내는 상징일 수 있으며, 이러한 방향은 좌우로, 상하로 변수에 따라 정렬된다.

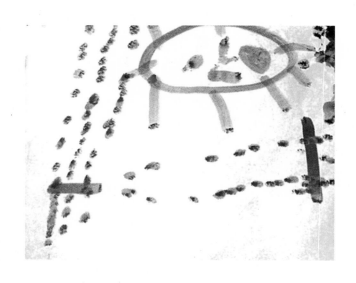 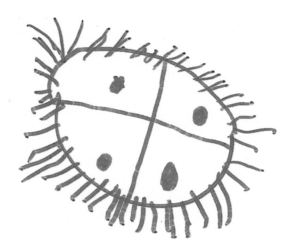

이제 십자 형태와 나란히 원형 비슷한 최초의 형상들이 나타난다. 그것은 아직 기하학적 의미에서 원형은 아니다. 오히려 감자 혹은 주머니 같은 형상이다. 특이한 점은 유아가 이러한 초기 단계(2.5세 내지 3.5세)에 높은 집중력을 가지고 둥근 형태를 표현한다는 점이다. 태초의 '원형'과 같은 원이 생긴다. 이러한 형태들은 사람, 엄마, 아빠, 태양, 바퀴 혹은 유아 자신을 상징한다. 원은 하나의 존재 형태가 되며, 이러한 존재 형태는 대체로 사람이다. 아동화에서 사람 그림은 여러 주제들 가운데 가장 선호하는 주제다. 즐겨 그리는 다른 주제로는 동물, 집, 나무, 꽃, 자동차 등이 있다.

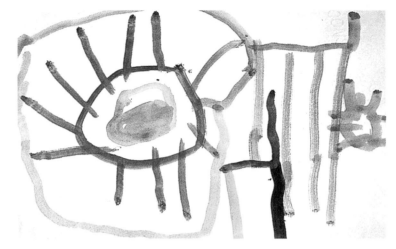

때로 아동화에 두 개의 기본 형태인 원과 십자 형태는 하나의 대상을 표현하기도 한다. 그것은 새로운 변형인데, 이러한 결합은 태초의 인류를 상징하는 것으로서, '우주 속 인간'을 상징하는 기호로 해석되기도 한다. 그것은 또한 3세 아동의 상황을 상징하는 것

으로, 내부와 외부가 무의식적으로 나와 너를 위해 있음을 상징하면서 타인과의 관계를 의미한다. 유아는 어머니로부터 독립하면서 나라는 의식이 형성되고, '나'를 말하게 되며, 친구와의 관계를 점차 중요하게 생각하게 된다. 또한 생리학적으로 대뇌가 급속도로 성숙하고 유아의 중요한 머리뼈가 봉합된다. 우리는 이러한 무의식적 과정을 유아의 드로잉 표현 중 '태초의 원형과 태초의 십자형'에서 발견한다.

유아는 점점 더 의식적인 형태를 가지고 표현하는 단계에서 이미지 문자 등을 활용한다. 초기의 원과 십자 기호를 가지고 유아는 이제 매우 많은 것을 묘사할 줄 알게 된다. 최초의 두족인이 생기는데, 유아는 보는 것을 묘사하는 것이 아니라 오히려 유아가 느낀 것을 묘사한다. 유아는 물론 사람이 머리와 다리로만 생긴 것이 아니라는 것을 충분히 잘 알고 있다. 두족인은 인간 전체 형상으로서 간주할 수 있으며, 아동은 이 시기에 사실적으로 표현하지 않는다. 따라서 그들에게 어떤 것을 그리도록 방법을 가르치는 것은 의미 있는 일이 아니다.

수많은 기본 기호가 있다. 눈에 띄는 것은 이러한 기하학적 기호(원, 십자, 대각선형 십자, 별, 삼각형, 정사각형, 직사각형, 타원형, 꺾은선, 포물선, 나선, 많은 별, 원형 속 십자, 태양)다. 또한 두드러지는 점은 추상화된 이러한 거친 형태들이 매우 생명력 있고 독창적인 방식으로 적용된다는 것이다. 대략 4세 혹은 5세가 되면 아동은 사람, 동물, 집, 꽃, 자동차 등을 묘사할 줄 안다.

아동의 모든 외적·내적 체험 세계는 그들이 그린 그림에 드러난다. 아동의 그림을 통해 우리는 그들의 이미지 언어를 이해하게 된다.

하늘 드높이 소리치는 것에서 잿빛 죽음에 이르기까지 아동의 전체 감정 영역은 시각화되는데, 많은 경험을 통해 우리는 드로잉에 내재되어 있는 이러한 감정을 읽을 수 있다. 그러나 Rudolf Seitz는 항상 아동화에 대한 섣부른 의미화에 대해 경고한다. 아동이 언젠가 검은색 그림을 그렸다고 해서, 그것이 분명 외상을 묘사한 것이거나 아동의 우울을 표현한 것이라고 단정해서는 안 된다.

아동이 오랜 시간 동안 반복적으로 매우 독특한 형태를 묘사하고, 정서적·행동적으로 장애를 보인다면 그 아동의 아동화는 진단을 위한 하나의 보조수단이 될 수 있다. 우리는 공감을 가지고 더 정확하게 관찰하고 사실을 이해하면, 아동의 드로잉에 대해 보다 더 잘 이해할 수 있다. 드로잉과 그리기는 이미 미술치료에서 많이 활용되고 있다.

아동의 이미지 언어는 이해하기 어려운 것이 아니다. 왜냐하면 우리 자신도 이러한 형태들을 이미 우리 안에 가지고 있기 때문이다. 오늘날 이러한 형태들은 픽토그램으로서 세계적인 시각 언어로 활용되고 있다. 그것들은 전형적인 형태로서 동굴 벽화와 현대 미술에서 발견된다. 뿐만 아니라 기독교와 아시아 명상 그림들 속에서도 발견된다.

아동화에 또한 만다라처럼 작용하는 기호들이 발견된다. 이는 지금 널리 퍼진 만다라 색칠하기 패턴을 의미하는 것이 아니다. 만다라 색칠하기 패턴은 아동의 창의성을 축소시킨다. 유아의 드로잉에는 원형적인 형태 언어가 나타난다. 특히 초기 유아들은 이 그림들을 의미 기호로 사용한다. 이후 특히 유치원과 초등학교에서 기하학적 만다라 형태는 장식과 개별화된 견본으로서 사용된다.

또한 원근 묘사에서도 유아는 새로운 해법을 발달시킨다. 초기에 유아는 화면에 사물을 여기저기 배열한다. 사람들은 이러한 초기 아동화를 '산발적 그림'이라 한다. 그러나 이내 유아들은 위와 아래를 구분한다. '직립그림'을 그리게 되면서 상하공간 표현은 종종 매우 오랫동안, 때로는 8~10세까지 나타난다.

초기 사춘기 전과 사춘기에 아동과 청소년은 그들의 그림에 원근법을 구성한다. 이때부터 고무 지우개가 사용된다.

더 큰 아동과 청소년들은 이제 보이는 세계를 사실적으로 묘사하려 한다. 얼굴, 신체 태도를 가능한 한 정확하게 관찰하고 묘사하려 한다. 이러한 특징은 아동기 후반부터 청소년기까지 지속된다.

그러나 그것은 불행하게도 드로잉과 그리기의 마지막을 의미한다. 유감스러운 점은 실제로 이 연령대부터 교육과정에서 점차 미술수업의 시수가 더 줄어든다는 것이다. 여기서 드로잉, 조형활동은 각 연령대에서 자신을 발견하는 중요한 방식이다. 우리는 우리의 이미지 언어를 통해 우리 자신과 세상을 발견할 수 있을 것이다. 이러한 것은 자신과 세계에 대한 경험으로 중요하게 작용한다. '판타지 학교'는 이러한 측면에서 자신의 세계와 세상을 발견하도록 하는 가교 역할을 해 준다. 다양한 연령 단계를 위한 훌륭한 프로그램을 제공하고 종일수업을 위한 자극을 줄 수 있다.

아동에게 드로잉과 그리기는 왜 중요한가

아동은 드로잉과 그리기를 할 때 기호를 사용한다. 우리는 이를 가볍게 생각해서는 안 된다. 아동은 자신의 드로잉을 통해 자신, 주변 환경과의 관계 그리고 세상에 대한 이미지를 형성한다. 즉, 하나의 형태로 나타낸다. 어떤 것을 묘사하는 일은 아동에게 많은 것을 의미한다. 자신이 정확히 알고 있는 것을 명료하게 묘사하면 다른 사람들이 그것을 이해한다는 사실은 아동에게 매우 중요하다. 아동은 자신의 그림을 설명하며 자신의 경험을 우리에게 전달한다. 드로잉은 추상 또는 현실을 관련시키는 하나의 압축된 결과물이다.

아동은 자신의 드로잉에 의도한 것을 명명하고 가치를 부여한다. 그리고 사회적 정서를 담는다. 아동은 그림을 그릴 때 긴장이 이완된다. 의식, 전의식, 무의식 사이에 있던 긴장은 사라지고 이내 조화로워진다. 그림을 그릴 때 우리 안에 긴장된 것들이 그림 안에서 균형을 이루고 변화된다. 또한 분명하지 않으나 주제와 묘사 형태를 탐색한다. 그리기 활동의 이러한 다양한 측면들은 치료적 작용이 되기도 한다.

아동은 그리기를 하는 동안 큰 즐거움을 가진다. 우리가 아동이 그리기를 할 때, 어떤 경탄, 열정, 참여로 몰입하는지, 자신의 결과에 얼마나 자랑스러움을 보여 주는지를 유심히 관찰한다면, 아동에게 그리기가 얼마나 중요한지 알게 될 것이다.

  그리기는 아동이 외부 세계와 관계를 맺고 자기 인식을 하도록 하며 동시에 집중력을 길러 준다. 돌멩이가 물속으로 떨어지면 원은 중심에서 밖으로 넓어져서 물가에 도달하며, 원은 중심으로 다시 회귀한다. 이와 마찬가지로 그리기를 통해 아동은 안정감과 자의식을 얻는다. 아동뿐 아니라 성인도 마찬가지로 미적인 상호작용과 조형능력을 통한 생애사적인 여행으로 세상을 만들어 나가는 것이다.

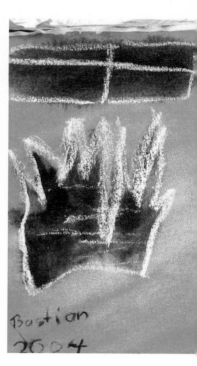

아동을 촉진시킬 만한 '황금률' 같은 것이 있을까

'황금률'은 약간 미화된 것처럼 들리고, '비법'이라 하면 지나치고, '손끝법칙' 같은 것은 일반적으로 잘 사용되지 않는다. 그렇지만 우리는 몇 가지 사실에 주의해야 한다.

- 아동은 자신의 각 표현 발달 단계에서 진지하게 받아들여지길 원한다. 이 점은 우리에게 많은 것을 말한다.
- 중요한 원칙으로 간주되는 것은 다음과 같다. 풍부한 감각 지각과 넓은 사고와 다양한 경험은 더 풍부한 판타지를 그리도록 한다. 성인은 종종 아동의 이미지 언어에 대한 무지로 인해 그림을 수정하는 경우가 있으나, 이는 교육적으로 적절하지 않다.
- 아동은 자신만의 고유한 것을 발견하고 스스로 생각하는 기회를 필요로 한다. 많은 공감과 섬세한 감각으로 아동의 아이디어, 상상력 그리고 생각을 현실화하는 것이 중요하다.
- 판타지는 편안하게 느낄 수 있는 환경을 필요로 한다. 아동은 성인을 즐거움과 유머의 파트너로서 체험할 때 독창적인 아이디어를 구현한다.
- 아동을 무섭게 하거나 비판하거나 냉소적으로 다루어서는 안 된다. 물론 모든 것이 과도하게 칭찬되어서도 안 된다. 그리기는 명료한 표현이다. 긍정적 강화, 올바르게 적용된 칭찬과 사랑 가득한 관심만이 효과가 있다.
- 우리는 아동이 자신의 그림을 통해 무엇을 말하고 싶어 하는지에 관심을 가지고 아동화 읽기를 배워야 한다.
- 아동은 우리 성인보다 훨씬 더 낫다! 우리의 학교교육, 직업, 환경, 그리고 주저함마저도 아동이 아직 할 수 있는 많은 것을 우리 역시 할 수 있다고 착각하게 만든다. 아동은 순간적이고, 개방적이며, 용기 있고, 꾸밈 없이 호기심이 많고, 상상력이 풍부하고, 유연하며, 매우 섬세하다. 사물을 처음으로 경험하는 그들은 사물을 모험의 대상으로 만드는 능력이 있어 그들에게 세상은 호기심으로 가득 찬 흥분된 곳이다.

- 아동의 이미지 언어는 사물의 본질을 서술하며 묘사한다. 이러한 이미지 언어는 우리 성인의 것보다 우월하다. 우리는 머리를 쥐어짜도 누군가를 묘사할 수 없으나 아동은 할 수 있다. 아동에게는 내부와 외부의 경계가 없으며, 중요한 것을 크게 그린다.
- 성인은 종종 외부적인 것에 근거하여 사고하며 시각적 '정확성'을 중요시하는데, 여기서 많은 것들이 상실된다.
- 비록 우리가 아동의 경험 결과를 이미 알고 있다고 믿는다 할지라도, 우리 스스로 뒤로 물러나 자신을 통제하면서 아동이 자신의 경험을 스스로 만들도록 허용해 주는 일은 우리에게 매우 어렵다.
- 그림 그리기에 필요한 다양한 재료와 시간을 낭비한다는 생각이 들 정도로 아동들에게 충분히 제공해야 한다.
- 우리와 마찬가지로 아동은 내일을 학습할 뿐 아니라, 순간적 행복을 누릴 권리를 가지고 있다.

나는 아동을 어떻게 촉진시킬까

이 문제는 자주 제기된다. 촉진?! 어떤 상황에서 촉진해야 할까? 아동을 돕고 그가 스스로 독립적이 되도록 하기 위해 우리는 무엇을 해야 할지 생각해야 한다. 최고의 촉진은 아동이 사랑받고 있고, 우리가 그와 함께 즐거워한다는 것을 실제로 느낄때 이루어진다. 성인은 매 상황에서 전적으로 신뢰할 수 있는 그의 신임하는 동반자라는 점을 아동들이 알도록 해야 한다.

그렇게 해야 아동은 후에 두려움 없이 사회적 관계를 쌓아 갈 수 있다. 아동은 세계를 향해 자신의 세계를 열게 되면서 자신감을 갖고 성장하며 또한 학습하게 된다.

이때 아동은 혼자가 아니기 때문에 슬픔과 고통을 잘 이겨 낼 수 있다. 관심과 사랑이 가득한 성인의 옆에서 아동은 태양이 삶 속에 있다는 것뿐 아니라 가난, 질병, 공격성, 전쟁 그리고 죽음이 완전히 침묵될 수 없고 되어서도 안 된다는 사실까지 경험하게 된다. 이 모든 것이 사실이라는 것도

경험하게 된다. 아마도 그것은 이후 아동이 자신과 자신의 삶을 상상력, 공감 그리고 용기를 가지고 적극적으로 책임감 있게 살아 나가도록 해 줄 것이다. 그것은 가장 작은 한 발짝, 오늘 여기에서부터 시작된다.

아동은 놀이공간, 시간 그리고 한가함을 필요로 한다! 최고의 촉진을 위해서는 준비된 충분한 재료와 훌륭한 작업 공간 및 모든 감각을 위한 풍부한 체험 등이 필요하다. 아동들뿐만 아니라 우리 모두는 보고, 듣고, 냄새 맡고, 맛보고, 촉각으로 느끼는 모든 환경 속에서 감정을 발달시켜야 한다. 따라서 공간적 체험이 매우 중요하다. 아동들은 체험할 수 있는 환경에서 자신을 발견하게 된다.

아동은 미술을 필요로 하는가

미술관 상품 구매를 위한 이벤트로서 미술관 방문은 아동에게 전혀 필요 없다. 미술에 대한 열정은 구입될 수 없다! 미술은 기본적으로 아동에게 매우 흥분되는 것이다. 미술관 방문에 있어서 중요한 것은 기본적으로 정확히 보고, 배경에 대해 질문을 하고, 그것에 대해 곰곰이 생각하고, 차후 스스로 조형할 때 적용할 수 있는 것을 발견하는 것이다. 아동들은 미술관에서 미술작품을 마주할 때 미술작품에 대한 정교한 지각을 일으킨다. 오래전에 봤던 그림들을 다시 발견하는 일은 언제나 흥미로운 일이므로 아동과 우리를 위해서라도 새로운 미술관뿐만 아니라 기존 미술관에 반복적으로 가야 한다.

예컨대, 미술관을 방문하여 아동과 함께 회화 작품에서 발견할 수 있는 개의 종류를 찾아보는 과제를 한다. 많은 회화 작품에서 다양한 크기와 종류의 개와 강아지를 발견할 수 있다는 사실은 놀라운 일이다. 회화의 양식사적 차이 또한 발견할 수 있다.

아동은 미술을 먼저 놀이식 관심을 가지고 관찰한다. 우리가 그들과 함께 그림에 대해 말할 때 그들의 흥미는 아직 더 각성되고 구체화될 수 있다. 이 외에도 아동이 흥미로워할 만한 많은 것을 발견하도록 할 수 있다. 예컨대, 그림에서 역사적 아동의 생활 상황은 아주 다른 생활 상황으로 발견될 수 있다. 유치원과 초등학교 아동은 사회적인 역할 모형과 규범이 여러 세기에 걸쳐 어떻게 변화되었는지에 대해 대화하고 토론하며 감상하는 것을 좋아한다.

감상활동은 일찍 시작할 수 있다. 영아들도 교회의 화려한 스테인드글라스에 반응한다. 자연사박물관에 종종 흥미로운 새, 나비, 야생의 진귀한 동물 수집물이 있다. 항상 피나코텍 같은 대표적인 미술관에 갈 필요는 없다. 지역에 있는 박물관도 좋다. 유아들은 Rubens의 초기와 후기 작품 간의 양식사적 구분에 관심 없다. 우리가 이런 것을 가르쳐야 한다는 생각에서 벗어난다면, 박물관이나 미술관은 마치 커다란 그림책과 같이 수많은 이야기와 사람, 동물, 풍경, 그리고 분위기가 있다는 것을 가르칠 수 있다.

미술을 통하여 우리는 친숙한 것과 알려진 것을 다시 발견할 뿐 아니라, 또한 낯선 주제와 지금까지 알려지지 않은 묘사에 대해 토론할 수 있다. 미술작품과 미술가의 의도와 분위기 몰입에 대해 말하는 것은 종종 아주 새로운 면들을 발견하게 한다. 여기서 아동으로 하여금 그들 첫눈에 혹은 두 번째 눈에도 띄지 않았던 그림들에 대해 말하게 해야 한다. 왜냐하면 눈에 띄지 않았던 그림들이 있는 이유 역시 학습되어야 하기 때문이다. 이 과정에서 바로 아동은 종종 커다란 상상력과 우연성으로 미술에서 낯선 것과 새로운 것을 만난다. 아동이 미술작품과 미술관 방문을 잘 기억한다면, 그들은 미술 애호가로서 성장할 것이며 미술이 그들의 삶을 풍요롭게 할 것이다.

미술작품은 고유한 조형을 발견하도록 아동을 자극한다. 정확히 관찰하도록 하는 것은 미술가들이 재료, 색 그리고 형태를 어떻게 적용했는지를 명료하게 인지하도록 해 준다. 그것은 아동에게 매우 흥분되는 것일 수 있다. 그들이 계속하여 스스로 그림을 그린다면 그것은 단지 본 것을 복제하는 것이 아니라 오히려 본 것을 자신의 상상 세계와 결합하고 이미지 언어로 응용하는 것이 된다.

아동의 조형 표현능력은 많은 자극을 통해 분화되고 확장될 수 있다. 모든 감각으로 체험한 미적 경험은 한 삶 속에서 많은 것을 중요하게 변화시킬 수 있는 이후의 기억이며, 이것은 책을 통해 배울 수 있는 것이 아니다.

창의적으로 훌륭하게 구조화되고 '준비된 환경'으로서의 공간

아동에게 창의적 공간은 사랑스럽고, 따뜻하고, 맑고, 훌륭하게 구조화되고, 화려하고, 생기 있으며, 판타지에 동기를 주게끔 설비되어야 한다. 이러한 공간에는 다양한 여러 유형의 재료 그리고 동기를 유발하는 사물이 있어야 한다. 아동들에게 자극을 주고, 꿈꾸게 하고, 실험하게 하고, 다양한 방식으로 학습하게 하는 하나의 연상활동을 위한 공간이어야 한다.

Maria Montessori의 교육학에서 이러한 공간은 중요한 기능을 가진다. 아동에게는 그들의 아이디어를 발전시키고 독립적으로 학습할 수 있는 공간이 필요한데, Montessori는 이를 '준비된 환경'이라고 했다.

레지오 에밀리아 교육에서 공간을 '제3의 교육자'라고 한다. 이러한 의미에서 공간은 아동에게 안전함과 도전 그리고 자극을 주는 곳이다. 아동은 거기에서 안전함뿐 아니라 도전 그리고 자극을 경험한다. 이러한 공간에는 언제나 아틀리에가 있으며, 아틀리에 지도자가 공간을 담당한다. '재료 공간'에서 모든 동료와 아동은 크고 훌륭하게 분류된 재료 서비스를 제공받는다. 이러한 공간의 다양성은 아동에게 개인의 감각적 표현 능력들을 가능하도록 한다. 레지오 에밀리아 교육의 기초는 아동은 가능한 한 많은 실험 경험을 가져야 한다는 것으로, 아동 각 개인의 표현 능력인 '아동의 100가지 언어'에 대해 말한다.

판타지 학교와 다른 창의적 교육기관의 공간은 적절한 가구, 재료와 용구가 배치되어 있어 아동과 미술가 그리고 교사는 거기에서 편안함을 느끼며 즐겁게 작업한다. 이러한 학교의 훌륭한 한 예는 아우크스부르크의 프리트베르크에 있는 Rose Maier Haid 미술학교다. Rose Maier Haid는 이 학교를 '미술작품'이라고 칭한다. 말 그대로 학교가 미술작품이라는 뜻이다. 아동과 성인에게 그곳은 감각, 평화, 정신 그리고 마음교육의 장소가 되었다.

즉, 미술학교에서 인간은 미술작품의 일부다. 보호된 이러한 미술학교의 공간에서 아동과 성인은 내면의 그림 작업 여행을 위해 휴식과 집중을 한다. 이 학교의 Rose Maier Haid는 학생들과 함께 공공장소에서 특별한 미술행위를 행하기 위해 의도적으로 학교 밖의 활동을 수행한다.

미술 공간뿐 아니라 '놀이방식'도 있다. 미술활동에 있어서 집의 환경, 학교 건물, 정원, 지역 미술관 혹은 도시의 광장은 아동들에게 표현 동기를 줄 뿐 아니라 아동들이 조형 활동하기 좋은 장소다. 이때 지도교사의 창의성과 공공기관과의 협조가 필요하다.

종종 판타지 학교의 오후반 교실은 지역 학교에서 열린다. 그것은 대체로 장소 비용을 지불하지 않아도 되는 공간으로 학교의 방과 후 돌봄 교실에서 창의적 수업을 진행할 수 있기 때문이다. 많은 과정이 다른 용도로 사용되는 공간에서(예컨대, 학교의 작업공간에서 혹은 다른 교과 선생님과 함께 분리하여 사용하는 공간에서) 열리기 때문에 담당 지도교사는 유연하고 창의적으로 교육환경에 맞게 수업을 계획해야 한다.

각 담당 지도교사는 자신에게 맡겨진 아동을 위해 좋은 재료를 준비하여 제공해야 한다. 아동에게 적합한 안료는 무독성 안료로서 아동이 어릴수록 무독성 물감은 중요하다. 많은 담당 지도교사는 유아를 위해 반죽물감을 만든다. 무독성 안료 혹은 천연물감을 밀가루 풀에 넣고 개어서 잼 그릇에 담아 뚜껑을 덮고 몇 주간 보관한다.

전문 화방에서 구입하는 안료의 경우, 질 좋은 과슈, 아크릴, 수채물감이 적절하다. 우리는 때로 대형마트에서 다양한 크기와 색의 양질의 종이를 구한다.

습윤 종이에 그림을 그리고 색을 흘리게 하면 특히 아름답다. 그러므로 유리병에 담긴 색들로 아이들은 다양한 색을 혼합한다. 이때 큰 테이블이 색 혼합 실험을 위한 장의 기능을 하고, 아동에게 크고 작은 즐거움을 줄 것이다. 더불어 그들은 색 혼합의 법칙을 알게 된다.

흙물감은 색이 있는 흙을 절구로 빻아 체로 걸러서 이것을 매개물(풀, 아크릴미디엄, 린시드유)과 함께 섞어 스스로 만들 수 있다. 아동이 색을 편안하게 실험해 볼 수 있도록 하기 위해서 앞치마 혹은 가운을 착용하도록 한다.

민감한 바닥은 포장종이나 혹은 압축판보드로 덮어도 된다. 닦아 낼 수 있는 단단한 테이블은 테이블보드로 된 것이 좋다. 또한 아동의 커다란 도화지를 걸 수 있는 게시판 역시 필요하다.

채색에는 살짝 누른 납작붓, 털붓, 스펀지붓이 적당하며, 여러 크기의 나이프가 필요하다. 붓은 잘 씻어서 보관해야 한다. 붓은 비누와 온수로 씻는 것이 가장 좋으며, 신문지 위에 두고 말리거나 붓걸이에 털이 아래로 향하게 걸어 둔다. 색이 든 유리병은 튼튼한 상자에 담아 두면 실용적이다. 그리고 상자 뚜껑에 커터 칼로 병뚜껑의 지름에 맞게 구멍을 내 두면, 아동은 '자신들'의 색을 상자에서 꺼낼 수 있다. 그림을 그릴 때 사용하는 물통으로 플라스틱 컵을 사용하기보다는(쉽게 잘 넘어짐) 잘 세워지는 잼을 담는 큰 병을 사용한다.

각 아동은 물이 든 두 개의 유리병을 각각 자신의 책상 앞에 두도록 한다. 한 병에서 아동은 붓을 대강 씻고, 그후 수건으로 물기를 뺀다. 그리고 다시 한 번 다른 한 병에서 붓을 '헹군다.' 이렇게 하면 아동은 물통의 물을 지나치게 자주 바꾸지 않아도 되고, 색을 맑게 잘 혼합할 수도 있다. 왜냐하면 붓에서 물감 찌꺼기를 이미 잘 제거했기 때문이다.

찰흙을 담을 상자는 실제로 작업실 공간에서 기본 설비에 속한다. 아동이 사용할 좋은 찰흙 작업대는 건축자재 시장에서 2~4mm 두께의 하드보드로 마련한다. 도자기 만들기에는 손이 필요하고, 가정용 스펀지, 반죽을 이기는 삽, 숟가락과 낡은 칼 등이 유용한 작업도구다.

많은 제작 공간과 아틀리에 공간에는 유리 모래상자가 있다. 아동은 유리 모래상자 위에 손, 붓 혹은 작은 나무 꼬치로 그림을 그리고, 이어서 그림을 다시 지운다. 이러한 '모래상자'는 각 연령대에서 호기심을 불러일으키는 교구로서 촉각적 방식을 통해 우리 손의 많은 신경을 자극한다. 비록 모래상자의 작업 결과가 고도의 예술성을 가지고 있음에도 그것을 벽에 걸어 둘 수 없지만, 많은 아동은 도화지 위에서보다 더욱 자유롭게 표현할 수 있다.

　　모래상자 위의 그림을 '지워 버리기'는 창의적 과정에 속한다. 특히 이러한 상자를 가지고 놀이하는 일은 여유로운 시간을 즐기게 한다. 예컨대, 아동이 이미 그들의 작업대 정리를 마쳤지만 아직 조형에 대한 욕구와 시간이 남아 있을 때 큰 준비 없이 할 수 있다.

　　창의적 작업을 위해 우리는 또한 망치, 톱, 못, 나사, 드라이버, 집게, 스테이플러, 글루건, 때로 천공기와 그에 따른 나사못 역시 필요하다. 아동은 종종 '마치 대가처럼' 용구를 가지고 작업하고 싶어 하며, 실제로 또한 다양한 재료 처리를 위해 작업도구의 기술적인 것을 배우는 데 흥미를 가지고 있다.

　　아동은 오브제를 수집하여 서랍에 보관하며, 여러 가지 '미술 잡동사니' 재료들을 모은다. 이러한 재료들은 창의적 작업에 동기를 유발한다. 아동을 위한 작업 공간은 창의적 행동이 실천되는 데 결정적으로 영향을 미친다. 따라서 공간은 언제나 창의적 개념의 중요한 한 부분이다. 어느 정도 그러한 공간이 현실화될 수 있는가는 실제로 진행되는 수업과 아틀리에 지도자 그리고 재정 상태에 달려 있지만, 정리정돈과 물건을 잘 관리, 유지하는 것에는 실제로 아무런 비용이 들지 않는다. 단지 아동이 창의적인 일을 위해 공간을 사용하는 시간에 참여하는 모든 사람이 잘 조절해야 한다.

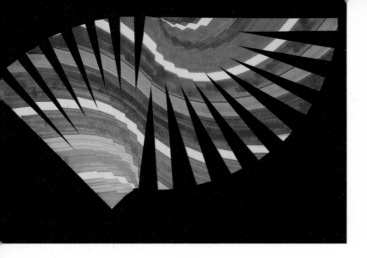

미술은 모든 감각에 자극을 준다

아동은 세계를 그들의 고유한 특성과 법칙, 특히 감각으로 파악한다. 아동이 어릴수록 이 사실은 중요하다. 또한 그들의 인지는 그들 감각을 통해 발달하며, 감각은 행복을 체험하려 하기에 인지를 필요로 한다. 그러므로 한 아동의 모든 감각을 촉진시키고 그에게 반복적으로 많은 자극을 제공하는 일은 매우 중요하다.

학교와 부모로부터의 학업성취 압박이 커지고 있다. 세계적 경쟁체제에서 살아남기 위해서는 많은 것이 요구되고, 많은 것이 지원되고 있기 때문에 아동들은 과도한 요구에 시달리고 있다.

아동의 감각 촉진에 있어서 항상 좋은 결과를 목표로 해서는 안 된다. 아동은 또한 자신의 순간적 행복에 대한 권리를 가지고 있다! 아동이 즐거움과 열정으로 집중할 때 학습과 창의적 조형은 현실적 성공이 될 수 있다,

훌륭한 미술교육은 이러한 경험을 가능하게 한다. 아동은 재료와 마주하며 그것의 한계와 가능성을 경험하고, 색과 형태의 표현 가치를 파고들어 그것의 효과를 알게 된다. 아동은 자신의 세계를 파악한다. 이러한 경험들은 가볍게 평가할 수 없다. 그것은 매우 중요한데, 왜냐하면 그것은 아동에게 각 학습경험의 기초를 제시하기 때문이다. "이전에 감각으로 체험되지 못했던 것은 아무것도 이해할 수 없다."라는 영국 철학자 John Locke의 확신이다.

고도로 기술 문명화된 세계에서 우리는 사물을 지나치게 부분적으로 파악하곤 한다. 우리 역시 어쩌면 그렇게 일부만 파악하는지도 모른다. 우리가 촉감보다는 너무 눈에만 의존했기 때문에 충분하게 감각들이 발달되지 못했고, 이로 인해 인간관계 형성에서도 많은 오해가 발생하고 있다. 우리에 의해 명백히 그렇게 의도되어 조직된 세계는 감각적인 것으로부터 멀어지고 있다. 또한 교육체계는 뱃머리가 무거운 것처럼 편중된 경향을 띠고 있는데,

이는 의미가 없다. 그로 인해 우리는 매우 편향적으로 변할 위험에 있다.

생각했던 세계는 우리의 특정 가치와 행동방식을 조절한다. 체험된 세계는 사라진다. 그와 동시에 우리는 우리 스스로를 잃어버린다! 우리는 실제로 무엇을 더 지각하는가? 우리는 무엇을 억압하고 경시하는가? 우리는 우리의 감각을 얼마나 개방적으로 사용하는가?

우리는 아동뿐 아니라 우리에게도 어떤 것을 감각적으로 체험하고 조형하며 그리는 일이 얼마나 중요한지 알아야 한다. 가상 세계가 현실 세계를 지배하는 현 시대에 구체적인 감각 경험들은 더욱더 중요하다.

물론 오늘날 그러한 조건은 10년 혹은 15년 전과는 다르다. 아동에게 커져 가는 매체의 영향과 부족한 구체적 감각 경험은 판타지와 창의성에 영향을 주고 있다. 오늘날 아동은 인터넷, 페이스북 그리고 이동통신의 세계 속에서 살고 있다. 그것은 아동다운 것과 아주 다른 것이다. 그러나 이런 변화를 우리가 바꿀 수 없는 것이 현실이다. 우리는 무엇을 할 수 있을까? 우리는 무엇보다도 우리의 아동들을 이러한 영향으로부터 어떻게 벗어나도록 할 것인가 고민해야 한다.

우리 세계의 끊임없는 자극이 우리를 잠식시키고 우리에게서 순간적 행복을 경험할 가능성을 앗아 가는 위험은 점점 커지고 있다. 우리는 핸들을 반대 방향으로 돌려 보류시키고 중지시키며 유지시켜 우리의 감각을 열어야 한다.

미술활동은 아동에게 문화적 감각, 즉 그들의 삶을 보상할 수 있는 의무감이 있음을 알도록 한다. 따라서 아동들에게 이를 위해 자신을 표현하도록 하는 일은 매우 가치 있음을 생각해야 한다.

손 – 놀라운 용구

우리는 과연 다양한 용구들을 최대한 효과적으로 사용하고 있는가? 아동은 종종 터치패드와 핸드폰을 다룰 때 큰 재능을 발휘한다. 반면 일부 초등학생들은 운동화 끈을 묶는 것을 실패한다. 연필을 올바로 잡을 줄 모르며, 마치 '두 개의 왼손'을 가지고 있는 듯하다. 바로 이러한 아동들을 위해—그러나 단지 이 아동들만이 아니라—손으로 하는 많은 조형활동을 통해 그들의 손을 감각기관으로서 경험하고 사용하도록 해야 한다.

손이 촉각으로 느끼고, 잡고, 다루는 데에 사용되고 이를 통해 감수성이 발달될 때, 이러한 활동은 단지 손에서만 느낄 수 있는 것이 아니다. 그것은 총체적인 학습과정이다. 우리 손에는 각각 약 1만 7천 개의 신경세포가 있다. 우리가 어떤 것을 만질 때마다 이 신경세포들은 자극을 받는다. 이러한 행위들은 뇌 속에 시냅스를 형성한다. 우리의 손은 지적으로 사용되는 도구일 뿐 아니라 손을 사용하는 것은 지적인 것을 촉진시킨다.

물론 아동은 그들의 손으로 컴퓨터를 사용할 수 있다. 그렇지만 그것은 아동이 그들의 감각과 그들의 행위에 대한 세계를 체험할 때만 그럴 뿐 아니라 아동이 그들 손으로 어떤 것을 경험하고 이 경험들을 구체적 과정과 행동으로 체험할 때 또한 그렇다. 그 이후에 컴퓨터를 의미 있는 용구로 사용할 수 있다. 그때 컴퓨터는 하나의 중요한 보조수단이 된다. 컴퓨터가 세계를 알아 가는 대체물이 되어서는 안 된다. 여기서 우리는 아동에게 촉각이 아주 특별히 중요하다는 사실을 주목해야 한다. 유아는 환경을 주로 그들의 감각을 통해, 그들의 피부나 손을 통해 경험한다.

철학자 Georg Gadamer는 이미 1978년에 독일 공작 연맹 컨퍼런스에서 우리 손의 경험에 대한 중요성에 주목하였다. 당시 여러 학자들은 현대 사회의 가치평가척도가 극단적인 사회문제를 유발할 것이라는 경고를 강하게 했다. 그들은 또한 어떻게 감각, 손과 행동 및 구체적인 세계 경험이 상호 의존하는지를 증명하였다. 인간 전체성의 상실에 관련한 이 회의는 '손이 없는 인간'이라는 유별난 제목이었다. 여기서 손은 자신과 환경 경험과 환경 조형을 위한 하나의 상징이다.

"만지지 마세요!" 우리는 이로부터 얼마나 큰 인상을 받는가. 우리는 정말 단순한 바라봄에서 어떤 것이 어떻게 촉감되는지를 안다고 생각한다. 얼마나 크게 잘못된 견해인가! 나무처럼 보이는 것은 나무가 아니라 하나의 합판이다. 우리가 그것을 만져 보거나 맨발로 바닥 위를 걸어 볼 때에야 비로소 우리는 우리의 시각이 얼마만큼 제한적이었는지를 느낀다.

촉각은 가장 직접적으로 환경을 파악하는 감각이다. 이는 '만져서 안다(begreifen)'와 '이해하다(verstehen)', '만져서 알 수 있는(begreiflich)'과 '이해할 수 있는(verständlich)' 등의 언어적 관계에서도 명백하게 알 수 있다.

촉각과 관련된 다른 단어로 '붙잡다(erfassen)'와 '이해하다(auffassen)'가 있다. '만져서 안다(begreifen)'에서 '개념

(Begriff)'으로 나아간다. 우리는 이러한 촉각적 경험이 우리의 사고에 얼마나 중요한지 어렴풋이 느낀다. 영국인들은 이러한 촉각 단어에서 'taste'를 만들었다. 이것은 '어떤 것이 값이 얼마로 되다' '시험해 보다' '시도해 보다' '검증하다' '즐기다' '감을 잡다'라는 의미를 가진다. 여기에는 두 가지 의미가 빠져 있다. 본래 이 단어는 이탈리아어 'tastare'에서 유래하였고, '짚어 보다' '만져 보다'를 의미한다.

이에 대해 생각할수록 촉각이 갖는 의미의 범위는 더 넓어진다. '촉각'은 '파악하다' '느끼다' '만들다' '싸다' '묶다' 등과 같이 다양한 의미를 포괄한다.

최고의 용구는 우리 모두가 소유하고 있는 우리의 손이다. 손은 보편적 도구이며 많은 것을 할 수 있다. 손은 붙잡고, 느끼고, 형태를 만들고, 파악하고, 촉각으로 느낀다. 손은 또한 쓰다듬고, 보호하고, 보존하고, 꼭 잡고, 때리고, 위협하고, 꼬집고, 지휘하고, 암시하고, 지시하고, 들어올리고, 비비고, 누르고, 고정시키고, 젓고, 더듬고, 허우적거리고, 쉬고, 미끄러지고, 쓰고, 타자 치고, 톡톡 두드리고, 긁고, 찢고, 구기고, 붙이고, 조직하고, 잡아당기고, 나르고, 돌리고, 돌려 끼우고, 지원하고, 받아들이고, 거부하고, 잡고, 방향을 정하고, 묶고, 이끌고, 밀치고, 주고, 놀이하는 등 많은 것을 조형할 수 있다!

미술교육과 부모 교육의 과제는 아동을 위한 모든 촉각 경험의 유형을 의식으로 끌어 올려 그것을 강하게 만들고 유용하게 하는 것이다. 손이 다양하고 섬세하며 능숙하게 사용될 때 미술작품이 생긴다!

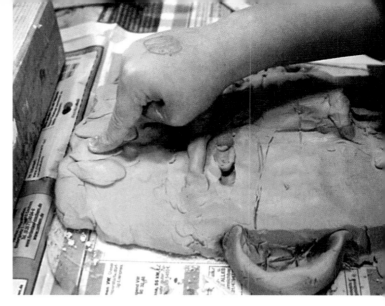

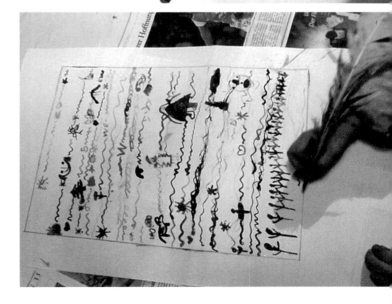

머리, 가슴 그리고 손을 위한
조형과제

학업성취 중심의 교육과 교육과정을 중시하는 교육환경에서 아동시설과 학교는 과연 어떻게 아동이 창의성을 즐기게 하고, '머리, 가슴, 손'을 교육할 수 있을까? 우리는 읽기 역량과 같은 목표 설정, 수학적 기초 역량, 인지적 핵심 역량을 창의성과 판타지와 함께 결부시킬 수 없다. 많은 성인은 그들의 창의성과 학습에 대한 즐거움을 학창 시절에 잃어버렸다고 슬프게 시인한다.

유아와 작업하는 교사들은 판타지 능력과 창의성이 각 인간에게 존재한다는 사실을 안다. 아동들의 실험, 행위에 대한 희망 등은 놀라운 호기심에 속한다. 그것은 수학과 같은 교과의 경우에서도 마찬가지다. 대부분의 인간에게 있어 이러한 교과는 부정적 경험으로 기억된다. 그것은 오직 수학이 두려움과 학업성취 압박으로 잘못 학습되었다는 것을 의미한다. 그래서는 안 된다. 반대로 유아는 실제로 수에 큰 흥미를 가지고 있다. 아동화의 그림 형태에는 많은 기본 형태들이 나타나는데, 아동은 이 기본 형태들을 이후에 기하학 수업에서 다시 다른 맥락으로 학습한다. 초기 아동화에 유아는 정확하게 이러한 거친 기하학적 기호를 의미기호로서 사용한다. 아동은 이러한 기호를 독창적으로 조합하여 적용한다. 아동은 또한 대소관계에 매우 흥미로워한다.

실험을 통해 아동들은 수학의 기본적인 원리를 쉽게 이해하고 해법을 찾아낸다. 아동은 찰흙덩이를 가지고 놀 때 다양한 가능성을 실험한다. 찰흙은 본래 굴리고, 짓이기고, 누르고, 치고, 뚫고, 나누고, 다시 합치는 등 각 형태로 표현된다. 아동은 많은 양의 찰흙으로 많은 작은 부분들을 만들 수 있다. 여기서 아동은 수학적 경험을 만든다. 즉, 아동이 찰흙으로 형태를 변화시키지만 그 양은 항상 동일하게 남는다는 것이다. 아동이 작은 찰흙덩어리 여럿을 큰 뱀으로 굴리고, 찰흙을 하나의 둥근 판으로 눌러서 다시 형태를 잘라 내어 새로이 종합할 때마다 아동은 놀이 형식으로 수학적 기본 속성을 학습한다. 동시에 뱀, 공 그리고 판은 그리기와 창의적 조형으로 이어진다.

많은 놀이와 조형에서 질서와 규칙을 발견한다. 돌, 나뭇잎, 블록, 화려한 색종이, 나무판 등은 크기, 색, 형태 등으로 분류되어 새롭게 조합된다.

색혼합을 하면서 아동은 색채이론을 체험한다. 소나기가 내린 후에 굴절을 통해 미세한 많은 물방울 안에 무지개가 뜬다. 빛의 변화에 의해 대상의 색은 변화된다. 그리고 이러한 색을 우리는 다시 보색대비로 훨씬 더 강하고 찬란하게 지각한다.

'아동미술학교'와 '아동과 청소년 미술학교' 등의 창의적인 방과 후 과정과 다양한 '판타지 학교' 과정에서 아동은 자유로우며, 학업성취 압박과 점수 압박 없이 사물을 경험하고, 재료를 경험하며, 주제에 대해 토론하고, 법칙을 발견하며, 새로운 것을 발견하는 경험을 다른 아동들과 함께 한다.

아동의 판타지와 창의성을 촉진시킬 책무가 있는 정규학교에서 이러한 촉진은 예술 교과에서 일어날 뿐 아니라 모든 교과, 소위 '주지교과목'에서도 실시된다. 내가 설립한 Montessori 어린이 공방과 렘브란트 4번지에 위치한 '어린이 아틀리에'에 '정규수업'은 없다.

과정은 오히려 '어린이 미술 아카데미'처럼 조직되어 있다.

아동은 오후마다 처음에 하나의 놀이와 지각을 정교화할 과제가 있는 주제 설정을 체험한다. 이를 통해 감각을 사용하게 되는 하나의 상황이 생긴다. 이것은 긴장을 이완시키고 동시에 집중하도록 하는 상황이다. 이러한 과제는 학업성취 측정과 상관하지 않고 오히려 지각한 것을 연상하고 순환시키기 때문에 아동은 주제를 발견하고, 그 후에 이를 적용하려 한다. 여기서 그들은 다른 과정의 지도교사와 나로부터 필요한 지원을 받는다.

나라면 전혀 얻지 못했을 것 같은 희망과 독창적이고 놀라운 주제들이 아동들로부터 나온다. 하나의 예를 들자면, Marco와 Petra는 초등학교 아동이다. 여린 일곱 살인 이들은 언젠가 결혼할 것이라고 결심했다. 어린이 공방에서 그들은 자신들의 결혼 항아리를 빚었다. 그들은 열정적으로 몰입하였으며, 이후 실제로 1리터짜리 항아리를 가지려는 한 꾀를 내놓았다. 찰흙으로 함께 항아리를 빚는 동안 그들은 반복적으로 실제로 1리터짜리 항아리가 만들어지는지 확인하였다. 그들은 비닐봉지를 항아리 내부에 집어넣고, 계량컵으로 1리터의 물을 측정하여 비닐봉지 안에 부어 넣었다. 그러고서 1리터의 물을 넣기에 항아리가 정말 적당히 큰지 검증했다. 물을 바로 찰흙 항아리에 부었다면 아직 굽지 않은 항아리를 묽게 하여 깨지는 문제를 낳았을 것이다. 그러므로 두 아동은 이러한 트릭을 사용한 것이다. 그렇다고 모든 문제가 해결된 것은 아니다. 이어서 그들 가운데 누구 결혼식에 항아리를 선물할지에 대한 문제로 갈등이 생겼다. 두 아동은 항아리에 두 개의 손잡이를 달면서 이러한 문제를 해결하였다. 이러한 문제 발생을 교사로서는 전혀 예측할 수 없고, 교육과정 역시 의도할 수 없다. 이어서 두 아동은 항아리에 광택제를 바르고 'Marco와 Petra의 1리터 결혼'이라는 글을 새겼다(113쪽 참조).

이것은 단지 하나의 예다. 하지만 아동이 좋은 분위기에서 서로 신뢰하게 되면, 그들 스스로 매우 개인적으로 조형하고 싶어 하는 주제를 표현하게 된다. 물론 이러한 아동 아틀리에 활동에서 아무런 객관적인 새로운 발견이 없으며, 세계를 움직이는 것을 발견하지는 못한다. 하지만 아동은 문제를 해결하고, 실수는 단지 하나의 해결을 위한 하나의 과정이라는 것, 그리고 그들은 서로 질문하면서 배운다는 것을 경험한다.

미술교육 환경에서 아동은 창의적이고 사회적인 해법을 발견하는 많은 기회를 갖는다. 이러한 환경에서 동기가 유발되고, 경험 있는 미술가와 교사의 동행으로 작업과 머리, 마음, 손의 교육이 가능하다.

오직 아동이 부모와 교사로부터 개인으로서 수용되고, 그들이 유일한 존재로 사랑받고 존중될 때, 그들은 주의력이 깊어지고 표현 동기가 유발되어 새로운 경험을 하게 된다. 우리는 아동들을 오직 개방된 감각을 가지고 느긋하고 영리하게 관찰하고, 그들이 우리와 우리의 경험을 필요로 할 때 그들을 촉진시키고 조언해 주어야 한다.

E. Paul Torrance는 아동과 청소년에게 나타나는 전형적인 창의적 태도의 특징을 다음과 같이 묘사한다.

· 경청, 관찰, 행동에 대한 강한 몰입
· 활달한 신체적 움직임
· 권위에 대한 도전적인 아이디어
· 많은 정보 출처 조사
· 사물에 대한 자신만의 고유한 탐구
· 자신의 발견에 대한 특색 있는 전달 욕구
· 주어진 시간을 넘어서는 창의적 활동의 수행
· 무관한 듯이 보이는 아이디어들 간의 관계를 제시
· 부딪힌 사고과정을 계속 추구
· 호기심, 앎에 대한 욕구, 꿰뚫는 질문
· 결과와 이어지는 조사에 대한 사정과 예측
· 진지하고 강한 진리 탐구
· 저항력과 전환능력
· 시간개념 상실
· 꿰뚫는 관찰과 질문
· 대안을 찾고 새로운 가능성을 탐구[27]

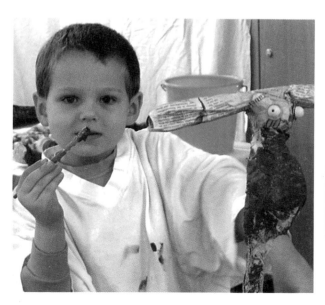

예술적 촉진이 아동의 지능과 인성교육에 영향을 미칠까

학습과 교육에 관한 작금의 논의에서 신경과학은 큰 역할을 한다. 새로운 뇌 연구의 결과를 통해 인지발달은 초기 유아기에서 보편적으로 잘 알려져 있다. 이러한 결과는 길거리에서 판매하는 신문의 표제어로 나오기도 한다. '음악은 영리하게 만든다.'는 새로운 표제어는 많은 부모에게 '촉진자극'이 되었다. 조형미술은 다행히도 아직 적당한 연구 결과가 없고, 아마도 연구 결과들은 아무것도 가져다주지 못할 것이다. 왜냐하면 조형은 굉장히 다양하고 다층적이기 때문이다. 그렇지만 그리기는 아동의 발달을 위해 중요하다는 것은 이미 보편적으로 알려진 사실이다. 그것은 표현되는 기본 욕구다. 가볍게 보아서는 안 되는 중요한 사실은 아동은 자신의 그림에 기호를 사용할 줄 안다는 점이다. 아동은 생각과 '머릿속에서 상상한' 것을 종이 위에 나타낸다. 아동은 그림으로 표현하고 그림을 이해할 줄 안다. 아동은 우리가 사용하는 알파벳을 이미지 언어인 기호로 조합하고 쓰면서 이해할 수 있어야 한다.

쓰기는 예술적 과정일 수 있으며, 희망하건대 유아에게 또한 그렇게 전달되어야 한다. 아동은 초기에 스스로 쓰기와 드로잉을 구분하지 못한다. 우리 역시 문화기술의 습득을 위해 문자와 드로잉을 보다 더 많이 이용해야 한다.

아동과 청소년의 이미지 언어의 고유성을 이해하고 해석하는 것은 예술에 대해 배우는 것과 같다.

20세기의 많은 미술가는 대상의 외적인 특성이 아닌 사물의 본질을
조형하려는 시도를 해 왔다.

교육개혁자들은 이를 언제나 의식하고 있었다. 교육개혁에서 미술은
중요한 의미를 지닌다. 학습 영역과 교육으로서 예술, 바우하우스 학설
을 연구한 Alfred Lichtwark는 함부르크 미술관의 관장으로서 자신의 생
각을 실제로 적용하고 활동하며 미술관 교육의 기초를 마련하였다. 그는
1896년에 이미 함부르크 미술관에서 아동이 생각하고 조형하는 방식에
대해 전시회를 개최했다.

미술수업과 각 미술활동은 여유 있는 시간을 갖고, 합목적성에서 벗
어나 분화된 감각적 경험을 하는 시간이다. 그것은 축적된 지식 대신 이
해 그리고 인간을 향한 관심을 중시한다. 이러한 조건이 바로 창의성을
촉진시킨다. 이러한 조건은 보다 더 숙고되어야 하며 토론의 핵심이 되
어야 한다. 토론에서 떼어 낼 수 없다!

이어지는 중요한 관찰은 미술과 교과 학습 간의 흥미로운 시너지 효
과다. 학습은 구체적이고 감각적으로 자극할 수 있다. 현미경을 바라보
는 시각은 우리에게 끝없이 세계의 미립과 최고도의 미적 형태와 색을
발견하게 한다. 이러한 관찰 너머에 이러한 사물이 어떻게 기능하는지에
대한 세상의 사물에 대한 흥미가 생길 것이다.

우리의 세계는 초기 유아기로부터 계속 감각적으로 우리를 자극한
다. 우리는 그것을 우리의 감각으로 지각하고, 인지를 통해 문제를 제기
하고, 손으로 새롭게 미적 조형세계를 만들어 낸다.

또한 미술활동과 자연과학은 융합될 수 있다. 단지 색을 통한 활동만
으로도 이미지 세계로 나아갈 수 있으며 표현할 수 있다. 색 체험은 우
리뿐 아니라 아동에게 있어서 많은 문제를 해결하도록 한다. 예컨대, 아
동은 왜 하늘이 파란지, 왜 아침과 저녁에 태양이 빨갛게 이글거리는 불
덩이로서 수평선에 떨어지고, 장엄한 색채의 향연이 아침과 저녁 하늘에
생기는지에 대한 문제를 제기한다. 무지개는 도대체 어떻게 해서 생기는
가? 밤에도 또한 색깔이 있을까? 어떻게 우리는 색깔을 보는 걸까? 어떻
게 색깔은 우리에게 작용할까? 어디에서 우리는 신호와 자연의 위장색
을 발견하는가? 그리고 이것은 어떤 이유 때문인가? 왜 카멜레온은 언제
나 색깔을 바꿀까? 왜, 왜? 아동은 이러한 물음에 흥미를 가지며 이러한
주제를 그림으로 표현한다.

"유일하게 진실한 것은 꿈이다!"라고 일본인들은 말한다. 그리고 나
는 새로운 교육에서는 예술이 중심 역할을 하게 될 것이라고 꿈꾼다!

117

6. 학교를 새로이 발견하기

교사로서 예술가 – 예술가로서 교사

예술가들은 훌륭한 교사일 수 있을까? 그리고 교사는 예술가여야만 할까? 이 문제에 우리는 간단하게 '예' 혹은 '아니요'라고 답할 수 없다. '판타지 학교의 초기 학교'의 초기 구상에 조형미술가들이 지도자 혹은 교사로서 간주되었듯이 예술가들 또한 훌륭한 교사가 될 수 있다. 이러한 예술가들은 몇 차시의 수업을 위해 자신들의 아틀리에를 떠나 초등학교 아동들과 함께 예술적으로 작업을 할 준비가 되어 있었다. 무엇보다도 미술가들은 초기 몇 년간 Rudolf Seitz 교수에게 영감을 받았고, 미술교육적으로 사고하고 준비, 작업할 수 있게 되었다. 판타지 학교의 미술교육 실제에서 그것을 준비하기 위해 미술가들은 사전에 세미나와 연수를 받았다.

　　그들은 그렇게 준비하여 완벽하게 주제 선택에서 예술적 자유를 누리고, 이러한 것을 자신의 예술적 토론 배경으로 설득력 있게 전달할 수 있었다. 그로 인해 예술교육적 작업에서의 순수성이 확보되었다.

　　그러나 예술가가 적절한 교육적 개념 없이 아동지도를 한다면, 그것은 실패할 수 있다. 판타지 학교의 교장인 Thomas Heyl은 다음과 같이 기초를 마련했다. 특히 초등학교 영역에서 교육적으로, 미술교육적으로 만족할 만하게 아동과 작업할 수 있기 위해서는 공감 능력, 가치평가 능력, 교과지식의 전문성, 교수·학습 방법 활용 능력, 실기 능력 등과 사랑을 갖춘 교사가 필요하다고 했다.

　　Rudolf Seitz에게 이러한 교사상은 언제나 핵심이었다. 그의 사고에서 교사가 자신의 교과에 열정을 다하고 그 열정은 수업을 생기 있게 한다고 보았다. 그는 미술교사는 단지 지식을 전달할 뿐 아니라 인간적이어야 한다고 했다. 그는 언제나 특별한 신뢰관계, 성인과 아동 간의 가치평가와 공감에 대해 말했다. "당신이 당신의 아이들을 정말로 좋아한다면 당신은 분명 그들에게 해가 될 것은 아무것도 하지 않게 될 것이다. 또한 당신은 당신의 목표를 아동의 장점, 유익, 복지에 두게 될 것이다. 그러면 아동은 더 이상 과녁을 벗어나지 않게 될 것이다." 이것은 교사가 갖추어야 할 가장 중요한 역량을 명백하게 말해 준다.

　　"다른 맥락에서 또한 이러한 학교 모델의 미술가 교사는 아직 일반화되지는 못했다. 미술가 교사를 초등학교 미술교육을 위해서 더 나은 대안으로서 확신할 수는 없다. 아동의 행동, 학업성취 그리고 자기상이 약한 오늘날 전문적인 교육 능력을 필요로 한다." (Thomas Heyl)[28]

'당신이 당신의 아이들을 정말로 좋아한다면'이라는 전제조건은 실제로 유일하게 중요한 것으로, 그것은 교육자와 미술교육자 집단에서 논의할 필요조차 없는 것이다.

특히 사람 간의 관계는 언제나 반복적으로 공통의 주제와 조형활동 과정에서 형성되며, 용기를 주고, 요구하고, 영감을 준다. 이러한 기초적인 특별한 인간관계는 사랑이라는 이름을 가지고 있다.

Rudolf Seitz는 자신의 교육에서 아동을 진지하게 받아들이고, 학습, 실험, 탐구에서 그들의 방식에 동행해 주는 것이 얼마나 중요한가를 항상 말했다. 그는 교육학에서 오늘을 내일로 지연시켜서는 안 된다고 항상 환기시켰다. 그는 여기서 '아동과 함께 잃어버린 날들'에 대해 말한다. 그는 그 의미를 '순간의 행복'으로 설명했다. 이러한 순간적 행복에서 미술가 교사는 아동의 모범이 될 뿐 아니라 동반자가 되어야 한다.

학교에서 아동과 사물에 판타지, 창의성 그리고 사랑을 가지고 아동을 위해 아동과 함께 조형하는 일 자체가 가장 위대한 미술이다.

"우리는 자신의 체험에서 도식화된 부족한 상상으로 제한되지 않으면서 자신의 위대한 감각 경험의 충족을 분화시켜 지금 여기서 즐길 줄 아는 인간을 희망한다.

우리는 창의적 능력이 형성되고, 자유로이 자신의 환경 안에서 변화되는 욕구에 적절한 생동감을 얻는 인간을 희망한다. 우리는 편협하지 않고, 훈련된 사고 도식을 추종하지 않으며, 인간 인식과 인간 감정의 복합성을 동시에 의식하는 인간을 희망한다.

우리는 자신의 삶을 풍요롭게 하기 위해 값비싼 문화 작품들을 향유할 수 있는 인간을 희망한다. 우리는 기쁨을 느끼기 위해 자신의 환경을 조형할 줄 아는 사람을 희망한다. 우리는 자신의 고유한 가치관의 상대를 의식하고, 추상적 이상을 추구하는 것이 아니라 행복한 삶과 이웃의 행복을 추구하는 인간을 희망한다." (Rudolf Seitz)[29]

미래의 학교

우리의 학교는 다시 생활 공간이 되어야 한다. 그 안에서 우리가 서로 경청하고, 서로 말하고, 생각하고, 꿈꿀 수 있고, 편안하게 있을 수 있고, 돕고, 위로할 수 있어야 한다. 그러나 거기에서 홀로 있을 가능성 역시 있어야 한다. 아동들이 편하게 느껴야 하는 교육기관에서 모든 '문화 기술' 학습이 병행되어야 한다.

우리는 삶을 다시 허용하고 거기에 개입해야 한다. 학교에서는 아동들의 놀이 공간을 제공해 주어 창의적 활동이 일어나게끔 해야 한다. 그곳에서 감각은 동기유발과 자양분을 얻을 수 있어야 한다.

이러한 '새로운 학교' 같은 다른 교육은 중요하다. 학교에서 아동은 편하게 생활하고 느껴야 한다. 미적 감각을 자극하는 공간에서, 깨끗하고 훌륭히 구조된 환경 안에서 아동은 더 자율적으로 학습할 수 있다. 그들은 실수가 단지 더 나은 해결을 위한 우회로라는 것을 학습하며, 유연성은 새로운 결과를 가져온다는 것을 학습한다.

판타지와 창의성을 가진 인간이 변화하는 세계에서 더 잘 적응한다는 것은 분명한 사실이다. 우리의 학교체제가 변화되어야 한다는 전제조건 아래 판타지와 창의성을 가진 사람이 새로운 해법을 발견할 수 있다.

　나는 우리의 교육과정과 교육목표를 비판적으로 평가해 볼 때, 감수성, 유연성, 연상력, 독창성을 거의 발견하지 못했다. 이러한 것을 아동이 '오직' 판타지 학교에서 체험하는 것으로는 충분하지 않다. 판타지 학교는 어디에든지 존재할 수 있다. 우리가 어떤 입장을 취하는가에 달려 있으며, 특히 학교와 관련하여 다시 한 번 비판적으로 생각해야 한다. 우리뿐 아니라 무엇보다도 행정가들 역시 생각을 바꿔야 한다. 행정가들이 오랫동안 선호해 온 생각은 혁신이었다. 하지만 그것이 어디에서 오는가?

　우리의 교육체계를 통해 혁신이나 시수 조정 등이 되었는지에 대해 나는 의심할 수밖에 없다. 판타지와 창의성은 교수 학습 형식에 적용되어야만 한다. 정치적 사고를 학습한다는 것은 행동과 반응이 일어나기 전에 먼저 분화시키고, 분석하고, 숙고하는 것이다. 그것은 우리 생활에서 드러나는 차이에 대해 정확한 지식에 근거하여 경계를 경험하고, 유지하며, 수용하도록 할 것이다.

　진정한 자유는 끝났는가? 우리는 아동의 권리, 부모의 권리, 교사의 권리 등 서로 권리를 고려할 수 있는가? 소녀와 소년의 권리, 더 어린 아동과 더 나이 든 사람의 권리, 가난한 자와 부자의 권리, 외국인과 내국인의 권리에 대해서는 어떠한가?

　도덕적 가치가 있는가? 우리는 더 많은 특성을 허용해야 하며, 혁신그룹을 지원하고, 전략을 발전시키고, 자신의 의견을 공적으로 이해하기 쉽게 만들어 경우에 따라서는 이를 위해 투쟁해야 한다. 우리 모두는 갈등을 형성하고 수행하는 것을 배워야만 한다. 우리는 놀이 규칙을 발견하고 질서를 지켜야 한다.

　우리는 경쟁보다는 협력을 필요로 한다. 우리는 다시 우정에 대한 가치를 평가하는 것을 학습해야 한다. 공동체 삶은 모든 교육 영역과 심의기관에서 다시 경험되어야 한다. 기본적으로 모든 교육적 생활 영역에서 공동체 삶의 기초 구조는 기능하는 공동체에서 다시 발견되고 학습될 수 있게 해야 한다. 여기에는 의식 및 자신의 책임감, 민주주의 규칙 그리고 개성이 속한다. 자신의 유일성, 인간의 존엄성과 비예측성은 생활화되고 체험되어야 한다.

　타 언어와 관습, 종교 그리고 철학, 세계 이미지 그리고 유토피아에 대한 경험은 '위대한' 세계를 '작은' 세계로 가져온다(Hartmut von Hentig).

　유치원과 학교는 영원한 학습의 장소로서 지식 전달은 학교 책무의 일부일 뿐이며, 학교는 경험의 장소이자 삶의 장소이기도 하다. 많은 것은 간단하지 않고 자명하지 못하지만 용기 부여, 도움과 참여하는 관심이 모두에게 필요하다. 희랍어에서 유래한 학교의 개념은 예전에는 '대화, 만남, 한가함'을 의미했다. 이러한 의미가 다시 환원되어야 한다. 우리의 학교는 아동을 이 지구상에서 단지 경쟁사회 속 직업 생활 면에서만이 아니라 유의미하게 충족된 삶을 바탕으로 빠르게 변화하는 조건하에서 다시 준비시켜야 한다. 여기에 아직 전통화된 규범에 속하지는 않지만 문화기술이 적용되어야만 하며, 이때 판타지와 창의성은 중요하고 필수적이다.

오늘과 내일의 요구

사회적·정치적·경제적 조건은 우리 모두를 위해 변화되어 왔다. 우리는 우리의 전통 사고와 학습을 가지고 새로운 문제 제기에 대한 해법을 찾아 왔다. 따라서 우리에게 새로운 문제 제기에 맞설 수 있는 변화된 태도가 요구된다.

"세계화는 비판적이고 세 가지 위험한 경향들로 특징지어진다.
- 특히 저개발국가의 인구폭발과 아직 계속되는 인구성장
- 개발도상국, 다양한 신흥국에서의 과잉소비와 계속적으로 증가하는 자원소비
- 사회적으로 통제되지 않은 유형의 혁신 과정의 가속도로 인해 기술적 혹은 환경적 변화가 사회적으로 통제가 안 되었다."[30]

자원 고갈이 예측됨에도 불구하고 최후의 자원이 투입되는 동안 사회적 동요가 일어났다. 환경과 대기권의 극단적인 장기적 손상은 유해물질에 의해 과중되고 있다. 점점 더 취약성으로 두드러지고 있는 사회적 영역에서 취약층은 점차 폭력, 잔인함, 포용력 상실 등을 보인다. 다른 측면에서 국제연맹은 위기 시대와 이념에 묶인 적대감과 전쟁 앞에서 제 기능을 하지 못하고 있다.

또한 교육은 이러한 경향의 충격을 완화시키지 못하고 있다. 국제 협의체들은 해법을 제안하는데, 이 해법이 모두에게 중요함에도 자발적으로가 아니라 강제로 집행되어야만 한다. 세계화에 따른 자연과 인간의 폐단은 오직 세계무역질서와 국민 권리를 옹호하는 비준에 따라 제거될 수 있다.

인류는 2020년까지 76억 6천 명으로 증가
할 것이다(1950년에는 25억 천 명이었다). UN의 전
망에 따르면 2100년에는 세계 인구가 100억에
이를 것이라고 한다. 이 수치는 과도하게 높은
것으로 제3세계의 계몽, 문맹률 퇴치, 여성 해
방을 통해 인구감소정책이 이루어져야 한다.
그러나 이 문제는 부유한 국가와 민족 정체성
문제에 직면한 국가들에게도 해당된다.

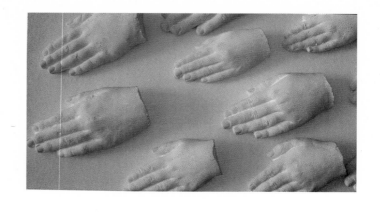

연령을 고려하지 않고 잔인한 물질을 담보로 수많은 군사적 문제도 변질되고, 종종 이데올로기 문제로 인해 경
제적·정치적 상황 아래 거대한 민족 이동 등이 일어난다. 개인은 부유한 나라에서 이러한 세계적인 문제들을 직면
하게 된다. 이것은 불안과 증오를 형성한다.

오직 우리의 자원소비와 통제되지 못한 물질 투입을 줄이는 일
만이 우리의 자연 생활 공간이 파괴되는 것을 막을 수 있다. 그러나
그것은 생활의 질을 제한하고 일부 포기하며 줄이는 것을 의미한다.
가상과 디지털 능력의 확장은 일자리를 계속 감소시킨다. 새로운 투
자는 새로운 컴퓨터를 개발한다. 신형 컴퓨터는 기계를 조절하고 많
은 일자리를 불필요하게 만든다. 우리의 경제체제 내에서 우리의 필
요한 노동체제를 계속해서 지속할 수 없다. 앞으로는 노하우, 혁신적
사고와 브레인 트러스트가 우리의 원자재가 될 것이다.

지구에 균형을 이루고, 사회적 폭발물을 해소하고, 계속되는 가
난으로부터의 민족 이동을 멈추기 위해서는 지금보다 훨씬 더 나은
생활수준과 자본수준으로 바꾸는 것이 필요하다. 우리는 인간 존엄
의 생활을 지구의 어디에서든 가능하게 하는 책무를 회피해서는 안
된다. 그것은 무기 생산, 군수산업, 이에 따른 연구와 생산도시를 지
금보다 더 감소시키고, 갈등을 넘어 평화를 추구하는 것에 동참하는
것이다. 자연환경을 지키는 것도 더 이상 늦추어서는 안 된다.

우리는 지속적인 발달만을 추구해서는 안 될 것이며, 지구상의
모든 미래와 오늘날의 젊은이들을 위해 더 나은 생활 공간을 지키고
자 노력할 책무가 있다.

우리는 교육자로서 이러한 책무에 준비되어 있는가? 우리는 우리의 아동들이 이러한 문제를 알고 나서서 해결하게 할 수 있는가? 우리는 피할 수 없다. 우리의 지구는 너무 작다. 소통과 전달 체계는 그것을 더 작게 만든다. 그러나 이러한 미래를 대비할 교육과정에 대한 토론은 아주 미비하다. 훔볼트(Humboldt)의 교육관은 겨우 작은 벽장 속에서나 자리를 얻게 될 것이다. 문화적 정체성 역시 다른 맥락에서 미래에 필요하게 될 것이다.

아동과 우리는 우리의 모든 친구와 우리의 고통, 때로 많은 걱정과 절망, 여러 날의 희망과 확신 그리고 우리의 짧은 인연의 관심, 인정, 사랑 그리고 행복에 대한 욕구 속에서 산다. 그것은 오래된 것이지만 새로운 과제이기도 하다. 우리가 우리 자신과 우리의 지구를 포기하지 않으려면, 우리가 함께 그것을 해결해야만 한다. 판타지와 창의성 없이 그것은 불가능하다. 우리는 그것을 해낼 수 있다!

혁신학습

유럽에 있어서 2009년은 창의성과 혁신의 해였다. 창의성과 혁신은 새로운 핵심 역량이며, 정치가들은 이것을 특별한 것으로서 중요하다고 반복적으로 설명하고 있다. 그러나 이러한 요청은 어떤 곳에서도 실천되지 않았다. 그 이유는 전통적 학습 구조에 기초한 사회적 틀 안에서 시급하게 요구된 혁신학습과 결과를 내야 한다는 문제 때문이었다.

오늘날 인간의 지식이 얼마나 빨리 증식되고 디지털체계로 단시간 내에 전달될 수 있는지를 우리가 안다면, 지식 내용이 얼마나 많은가보다는 행동방식을 얼마나 변화시키는가에 주목해야 한다. 여기서 행동방식은 매우 국한된 창의적인 사고, 문제 발견 그리고 문제해결과 상관한다. 광범위한 문제 제기와 맥락에 대한 분석과 종합, 사고결과의 통합은 필요하다.

그것은 개인의 경험에 기초하고 모든 기술적 가능성의 도움하에 특정 가치 추구에 중점을 둔 혁신학습을 요구한다. 로마 클럽에서 출판된 책『인간의 딜레마. 미래와 학습(Das menschliche Dilemma, Zukunft und lernen)』에서 이미 1979년의 우리 학습의 문제를 분명하게 제기했다.

"세계화 맥락에서 과거보다 미래에 대해 학습하는 것이 더 중요하다. …… 학습 유형은 사회의 장기적 생존, 특히 불안, 변화 그리고 단절의 시대에 더욱더 중요하다. 우리가 혁신학습이라고 명하는 학습 유형은 변화, 개혁, 재구조 그리고 변형을 중요시한다."[31]

전통화된 학습은 보기에는 안전하지만 우리는 오늘날 이러한 허상의 안전함이 특정 사건과 위기에 대처할 수 없다는 것을 알아야 한다. 전통적 학습은 지나치게 오래 걸리고, 이로 인해 반복되는 위기를 예방할 방안들이 간과된다. 전통적 학습은 항상 인간을 소외자로 만들어 이질화시킨다. 그것은 인간 존엄성과 개인의 현실화가 상실되도록 한다. 우리는 다시 의미 문제를 다루어야 한다. 의미는 학습에 전제조건이 되어야 하며, 정보는 바로 수용되어야만 한다. 혁신학습은 예견을 전제로 하고, 이는 우리에게 미래에 대한 책임을 받아들이도록 하며, 필요할 경우 결정하도록 자극한다.

우리는 가치를 필요로 한다! 윤리는 종교에 대한 선택과목으로서가 아니라 교육에서 다시 중심으로 들어와야 한다. 결단을 내리기 위해서는 가치관이 반드시 필요하다. 오늘날의 교육에서 윤리적 가치관이 중심에 와 있는가?

세계화 문제는 우리에게 전체 학습과정의 변화를 심각하게 요구한다. 지구에서 생존하기 위해 우리는 전쟁 준비와 파괴 메커니즘보다는 지구 보존과 인간존엄적 공동체 삶의 가능성에 대해 훨씬 더 많은 연구를 집중시켜야 한다. 우리는 교육 분야, 여성의 동등권과 경제 영역에서 조화와 균형 전략을 연구해야 한다. 그것은 많은 사람에게 부분적으로는 고통스러운 변화를 수반할 것이다. 그럼에도 불구하고 평생학습 차원에서 교육의 혁신은 꼭 필요하다. 혁신에 대해 즐겨 말하는 정치가들은 이러한 것을 진지하게 받아들이고 시민들의 불신을 불식시켜야 한다. 시민들의 해방은 새로운 사고의 내용을 드러낼 창의력에 기초한다. 개별적으로 개인의 입장을 상대화하고, 의문을 갖고 해명이나 혹은 방어를 요구한다 할지라도, 많은 자율적 개인이 함께 글로벌 과제를 처리하려 나아가고 이러한 것이 장려될 때 긍정적 변화가 가능하다는 것을 정치가들은 알아야 한다.

학습과정, 교수와 학습자에 대한 다른 태도, 수업 주제의 변화를 배제하고 우리는 학교를 새롭게 정의할 수 없다.

모든 참가자의 판타지, 창의적 사고 행동은 중요한 역할을 해야 한다.

체제 내에서의 변화는 외부로부터의 창의적 자극과 외재적 교육 제공자의 협동으로 가능하다. 흥미롭게도 학교 동반 프로젝트는 디도르프 미술학교의 Maria-Theresia Kugelmann-Schmid에 의해 살아났다. 디도르프의 아동과 청소년 미술학교의 미술교육 팀은 움직이는 계수 모듈 '경험 학습 만들기 상자(Erfahrungs-Lern-Bau-Kasten)'를 학생들을 위해 개발했다. 또한 이 프로젝트 빌드아리움(Bildarium)을 학교 학생들과 아우크스부르크 대학생들이 함께 수행하도록 했다.

학교와 빌드아리움 프로젝트의 교사진은 함께 학습에 참여하면서 학습을 학습 경험으로서 이해하고 행동을 계획했다. 이러한 접근 방식은 이미지 세계가 과정 학습이란 것과 인간의 본성과 만남이란 사실을 알게 했다.

아우크스부르크 근교의 프리트베르크에 있는 미술작품은 1980년 이래 아동과 청소년 그리고 성인을 위해 대단한 과정들을 제공하고 있다. 이곳의 프로젝트들은 사회적 맥락에서 Joseph Beuys의 사회참여 미술을 기반으로 하였고, 프로젝트의 결과는 매우 인상적이었으며, 밀도 있는 높은 예술적 가치를 지니고 있었다.

한 흥미로운 프로젝트는 플라네그와 마틴스리드(Martinsried) 판타지 학교와 프랑스의 메이랑 자매 도시와 협동으로 실시되었다. 독일과 프랑스 아동들은 함께 사전 계획에 따라 왁스로 된 작은 조각판을 '고향'이라는 주제로 조형했다. 아동들은 청동 주조 공장을 공동 견학하고 모든 왁스 판을 청동으로 주조해 왔다. 지역 콘크리트 주조 공장 역시 프로젝트를 지원하여 청동판을 끼울 커다란 콘크리트 받침돌을 완성했다. 받침대를 위한 기초를 다질 때 아동들도 열심히 도와주었다. 이렇게 앉을 수도 있고 놀이공간이 될 수도 있는 마틴스리드의 'Parc de Meylan'가 예술적 조형 받침대 앙상블로 탄생했다. 그것은 아동에 의해 만들어진 미술작품이다. 이 작품을 공식적으로 장엄하게 천을 벗기며 개봉하였다. 이 과정에서 아동은 자유롭게 주제를 선정하였으며, 수작업 과정을 체험했다.

인터넷 시대와 디지털 매체 시대에 아동들은 재료, 과제에 대한 체험과 도전을 필요로 한다. 이러한 방식으로 프로젝트를 성공시키는 데 각자 기여하고, 탄생시킨 미술작품이 공식적으로 인정받게 됨으로써 모든 참가자에게 강한 공동체의식과 높은 자존감을 갖도록 한다.

아동의 변화된 삶과 학습 환경 앞에 우리는 교사 중심의 정형화된 수업이 아닌 오히려 자유 활동의 가능성이 있는 하나의 개방된 수업, 그리고 정해진 시간표가 아닌 역동적 과정을 필요로 한다. 이러한 과정은 개방되고 의미 있고 분명하게 구조화된 틀이 있어야 한다. 창의적 과정과 창의적 문제해결 실현 단계에서는 시간이 필요하다.

로마 클럽은 이 세계의 모든 아동이 매주 한 번 학교 밖에서 작업하고, 대학생들은 사회 개발 프로젝트에 개입해야 한다고 제안한다. 이러한 제안이 적용되려면 무엇이 변화되어야 할까!

창의성과 도덕적 가치

창의성 교육은 도덕적 규범으로부터 자유로울 수 있을까? 대답은 명백하다. 아니다! 그러므로 그것은 새로운 도덕적 규범을 발전시켜야 하거나 혹은 옛날 것을 새롭게 구성하고 진지하게 받아들여야 한다.

독일 연방 교육기관의 가장 상위 교육목표가 학생의 '일반 학습능력'인 시대가 있었다. Detlef Hörster는 그러한 시대가 분명 지나갔음을 이미 1996년에 확신했다.

"······ 폭력과 인간 경시에 의한 개개인의 도덕적 태도가 공동생활을 위태롭게 하는 데 작용했다는 것"[32]

도덕적 규칙은 타인과 함께 공동생활 속에서의 경험, 통찰 그리고 책임감에서 나온다. 그것은 언제나 용기와 내적 일관성에 따른 주관적 결단을 요구한다. 도덕적 규칙은 고유한 자기와 상관하고, 행동과 결단에 대한 내적 욕구이며, 외부의 조건에 구속받지 않는다. Hörster는 다음과 같이 서술하였다.

"도덕적 규범을 따르는 일은 공동체의 일원으로서 인간의 핵심 능력과 상관한다."[33]

진정한 도덕적 규범은 죄, 죄책감 그리고 죄의식을 결정하며 양심을 형성한다. 도덕적 의식은 인간과의 상호 관계에서 발달한다. 그러므로 개개인의 가치와 존엄이 중요시되고 보호되는 풍토가 근본적으로 중요하다.

Immanuel Kant는 그의 정언적(定言的) 명령에서 보편타당함을 다음과 같이 서술한다.

너의 의지와 원칙이
언제든지 일반적인 법칙의
원리로서 통용될 수 있게
그렇게 행동하라.
(Immanuel Kant)

Hörster는 우리는 인간관계에 의해 공동생활에 필요한 객관적인 조절을 안전하게 하는 법규를 경험하고 학습하게 된다고 말한다.

"도덕은 상대하는 사람이 전달해 주는 규칙 인식과 도덕적 태도에 의해 구성된다. 그것은 상대하는 사람의 도움을 받아 환경에 적응하는 것에도 영향을 미친다. 도덕적 가치는 내면화되고 정체성을 형성한다. 법 규범은 표면적이며, 도덕적 규칙은 행동의 여유 공간을 허용한다."[34]

따라서 부모와 교사 그리고 교수진의 모범은 아동과 청소년의 도덕적 가치 형성에 매우 중요하다. 반응, 판단, 태도방식은 관찰될 뿐 아니라 상대하는 사람을 통해 학습된다. 인간사회의 기초를 마련하는 책임은 모두에게 있다.

'침묵하며 조형하는' 이러한 상황은 보호자의 용기와 시민의 용기를 필요로 한다. 부당함이 발생했다고 생각하고 있다면, 보호자는 자신을 노출시킬 용기를 가지고 있는가? 그는 아니라고 인정하는가? 침묵하고 회피하고 비겁한 것이 아니라 오히려 적당한 순간에 일어서는 태도가 우리 사회와 민주주의를 발전시키기 위해 필요하다. 가치관이 없이는 창의성 촉진이 불가능하다. 인류애를 중요하게 생각하지 않는 창의성 촉진은 있어서는 안 된다.

이웃의 존엄이 침해될 때 용기를 내어 올바른 시각으로 개인의 손해를 생각하지 않고 아니라고 말한다면, 우리 사회와 우리의 태도는 인간적으로 될 것이다. 아무리 그것이 비전과 유토피아일지라도 우리의 행동은 도덕적으로 판단되어야 한다. 많은 개개인이 적당히 아니라고 말했더라면, 최근 역사의 많은 사건은 일어나지 않았을 것이다.

미술가 Rose Maier Haid는 프리트베르크에 있는 Rose Maier Haid 미술학교에서 매우 놀라운 프로젝트를 실시했다. 그녀는 초등학교와 종합학교의 학생들과 함께 무장해제 프로젝트를 하였다. 이 프로젝트에서 아동은 'Kann ohne Ka no ne(대포 없이 있을 수 있을까)'라는 내용으로 가시철사가 있는 놀이 도구로 무기를 만들어 변형시키는 행위를 연출했다. 아동들은 시에서 고안하여 많은 무기에 깃털과 꽃을 꽂고 색을 칠해 변화시켰다. 이러한 프로젝트로 무기와 그 사용에 대한 의식이 자극되고, 아동들과 함께 공개 토론을 하며 창의적이고 평화로운 해법을 발견하게 되었다고 한다. 무기 없는 세계를 상상하고 총으로 쏘는 것이 아니라 어떤 다른 행동을 할 수 있다는 것을 분명하게 표현했다. 이는 우리는 이전에 경험으로 얻어 행동하는 데 익숙하기보다는 모든 것을 다른 방식으로 취급하고 생각할 수 있기 때문이다. 이처럼 Rose Maier Haid의 사회참여 조형물의 의미는 새롭게 사람들에 의해 해석되었다.

"우리가 정복할 수 있는 환상적인 영역이 있다. 우리의 작업도구는 특별한 사고다. 이것은 아동과 미술세계의 원천과 같은 것이다."(Rose Maier Haid)[35]

창의성 교육은 중점적인 예술교육으로서보다 훨씬 더 중요하다. 창의성 교육은 성인으로 성장하는 데 기여한다! 그것은 가치관을 비판적으로 평가할 수 있고 자신의 내면으로 향하는 길을 잃지 않도록 한다.

우리는 결국 우리 지구촌의 긍정적 발전을 위해 우리의 판타지와 창의성, 용기 그리고 우리의 힘을 합쳐야 한다. 우리가 우리의 아동과 젊은이의 판타지와 창의성을 촉진시키고, 용기 있는 시민으로서 용기를 내어 한 걸음씩 앞으로 전진하도록 한다면, 우리는 희망을 포기할 필요가 없다.

7. 후기를 대신하여

잊지 말 것

Rembrandt는 말했다.

> 손에 붓을 쥐세요.
> 그리고 시작하세요!

프리트베르크에 있는 Rose Maier Haid 미술학교의 아동은 말한다.

엄마 나는 시를 지을 수 있어요
그리고 엄마보다 그림을 더 잘 그려요
아빠 나는 달릴 수 있고
큰 소리로 소리치고
끝없이 계속 말하고, 계속 물어보고
게다가 가장 빠른
공중 곡예를 해요
내 머리가 거의 배꼽 위 닿을 정도로
나는 정말 용기 있는 입을 가지고 있어요
배꼽 위로 가요
(Rose Maier Haid)[36]

> 여러 가지 색을 사용하면서 여기저기 물감을 묻힌
> 아이를 지저분하다고 생각하지 않고
> 풍부한 색감을 가진 아이라고 생각해야 한다.
> (Rudolf Seitz)

참고문헌

Aissen-Crewett, Meike 1988:
  Kinderzeichnungen verstehen.
  Von der Kritzelphase bis zum
  Grundschulalter. München
Arnheim, Rudolf 1965:
  Kunst und Sehen. Eine Psychologie
  des schöpferischen Auges. Berlin
Arnheim, Rudolf 1980:
  Anschauliches Denken. Zur Einheit
  von Bild und Begriff. Frankfurt
Bachmann, Helen I. 1993:
  Malen als Lebensspur. Die Entwicklung
  kreativer bildlicher Darstellung. Ein
  Vergleich mit den kindlichen Loslösungs-
  und Individuationsprozessen. Stuttgart
Bareis, Alfred 1992:
  Vom Kritzeln zum Zeichnen und
  Malen. Bildnerisches Gestalten mit
  Kindern. Donauwörth
Bastian, Hans W. 1990:
  Naturfarben selbst gemischt. Rezepte
  fürs Heimwerken ohne Gift.
  Hannover
Baumgardt, Ursula 1998:
  Kinderzeichnungen - Spiegel der Seele.
  Kinder zeichnen Konflikte ihrer
  Familie. Zürich
Becker-Textor, Ingeborg 1991:
  Kreativität im Kindergarten. Anleitung
  zur kindgemäßen Intelligenzförderung
  im Kindergarten. Freiburg u.a.

Bilstein, Johannes/Guido Reuter (Hg.)
  2011: *Auge und Hand.* Oberhausen
Björck, Christina/Lena Anderson 1988:
  Linnéa im Garten des Malers (Monet).
  München
Bohn, Ernst 1989:
  Malen und Zeichnen. Kinder ent-
  decken ihre Kreativität. Zürich u.a.
Bostelmann, Antje/Heiko Mattschull
  1999: *Bananenblau und Himbeergrün.*
  Ein Werkstattbuch. Berlin
Braun, Anne 1967:
  Kinderzeichnungen aus aller Welt.
  Frankfurt
Brookes, Mona 1986:
  Drawing with Children. Los
  Angeles (deutsche Übersetzung:
  1990: Zeichnen lernen mit Kindern.
  Hamburg)
Brunner, Christina/Cornelia
  Vogelsanger (Hg.) 1992:
  Teju zeichnet. Aus den Malheften
  einer indischen Familie. Zürich
Daucher, Hans M. (Hg.) 1990:
  Kinder denken in Bildern. München
  u.a.
Daucher, Hans M./Rudolf Seitz 1982:
  Didaktik der bildenden Kunst (1970).
  München
Deutsches Jugendinstitut (Hg.) 1994:
  Handbuch Medienerziehung im

Kindergarten. Teil 1: Pädagogische
  Grundlagen. Opladen
Deutsches Jugendinstitut (Hg.) 1995:
  Handbuch Medienerziehung im
  Kindergarten. Teil 2: Praktische
  Handreichungen. Opladen
Di Leo, Joseph H. 1992:
  Die Deutung von Kinderzeichnungen.
  Karlsruhe
Doehlemann, Martin 1985:
  Die Phantasie der Kinder und was
  Erwachsene daraus lernen können.
  Frankfurt
Düchting, Hajo 2009:
  Farbrausch. Die Farbe in der Malerei.
  Stuttgart
Egen, Horst 1977:
  Kinderzeichnungen und Umwelt.
  Bonn
Egger, Bettina 1991:
  Bilder verstehen. Wahrnehmung
  und Entwicklung der bildnerischen
  Sprache. Bern u.a.
Eichmeier, Josef/Oskar Höfer 1974:
  Endogene Bildmuster. München u.a.
Eid, Klaus/Michael Langer/Hakon
  Ruprecht 1992:
  Grundlagen des Kunstunterrichts.
  Wien u.a.
Evanschitzky, Petra 2009:
  Erkenntnisse der Hirnforschung in

Bezug auf Kreativitätsförderung. In: Braun, Daniela/Bettina Wardelmann (Hg.): Von Piccolo bis Picasso. Offensive Bildung. Berlin u.a. S. 36-46

Fineberg, Jonathan David 1995: *Mit dem Auge des Kindes. Kindererziehung und moderne Kunst.* Hg. von Friedel, Helmut/Josef Helfenstein. Ausstellungskatalog Lenbachgalerie. München

Fink, Michael 2001: *Zauberschwert und Computerschrott. Geschichten aus der Bauwerkstatt.* Berlin

Fuchs-Waser, Angelika 1992: *Papier schöpfen und gestalten.* Aarau Gockel, Cornelia/Johannes Kirschenmann(Hg.) 2010: *Orientierung in der Gegenwartskunst.* Seelze

Grätz, Eva 1978: *Zeichnen aus dem Unterbewusstsein.* Stuttgart

Grötzinger, Wolfgang 1966: *Kinder kritzeln, zeichnen, malen. Die Frühformen kindlichen Gestaltens.* München

Haines, Susanne 1991: *Arbeiten mit Papiermaché. Vorlagen und Anleitungen.* Augsburg

Itten, Johannes 1961: *Kunst der Farbe.* Ravensburg

Itten, Johannes/Anneliese Itten 1995: *Arbeitsmaterialien zur Farbenlehre.* Ravensburg

Itten, Johannes/Anneliese Itten 1996: *Der Farbstern.* Ravensburg

Jentschura, Eva 1998: *Planzenfärben ohne Gift. Neue Rezepte zum Färben von Wolle und Seide.* Stuttgart

John-Winde, Helga 1981: *Kriterien zur Bewertung der Kinderzeichnungen. Empirischpädagogische Längsschnittun-tersuchung zur Entwicklung der Kinderzeichnung vom 1. zum 4. Schuljahr unter Berücksichtigung des sozio-ökonomischen Status.* Bonn

John-Winde, Helga/Gertrud Roth-Bojadzhiev 1993: *Kinder, Jugendliche, Erwachsene zeichnen. Eine Untersuchung zur Veränderung von der Kinderzeichnung zur Erwachsenenzeichnung.* Hohengehren

Kirchner, Constanze 2001: *Kinder und Kunst der Gegenwart: Zur Erfahrung mit zeitgenössischer Kunst in der Grundschule.* Seelze.

Kirchner, Constanze 2008: *Kinder & Kunst. Was Erwachsene wissen sollten.* Seelze.

Kirchner, Constanze/Marie-Luise Dietl (Hg.) 2002: *Bildnerisch gestalten in der Grundschule.* KUNST+UNTERRICHT *Sammelband.* Seelze.

Kirchner, Constanze/Johannes Kirschenmann/Monika Miller (Hg) 2010: *Kinderzeichnung und jugendkultureller Ausdruck. Forschungs-stand - Forschungsperspektiven.* (Schriftenreihe Kontext Kunstpädagogik Band 23) München

Kirchner, Constanze/Georg Peez 2009: *Praxis Pädagogik: Kreativität in der Grundschule erfolgreich fördern.* Braunschweig

Kirschenmann, Johannes/Constanze Kirchner 2009: *Praxis und Konzept des Kunstunterrichts - heute. Didaktische Orientierungen im kunstpädagogischen Handeln.* In: KUNST+UNTERRICHT Heft 334/335. S. 4-13

Kirschenmann, Johannes/Barbara Lutz-Sterzenbach (Hg) 2011: *Modelle, Erfahrungen, Debatten.* (Schriftenreihe Kontext Kunstpädagogik Band 27) München

Kobbert, Max J. 2011:

Das Buch der Farben. Darmstadt

KUNST+UNTERRICHT Heft 299 (2006): *Erfinden*

Le Bohec, Paul/Michèle Le Guillou 1993: *Patricks Zeichnungen. Erfahrungen mit der therapeutischen Wirkung des freien Ausdrucks.* Bremen

Le Saux, Alain/Grégoire Solotareff 1994: *Das kleine Museum.* Frankfurt

Leuschner, Christina/Andreas Knoke (Hg) 2012: *Selbst entdecken ist die Kunst! Ästhetische Forschung in der Schule.* München

Löscher, Wolfgang (Hg.) 1994: *Vom Sinn der Sinne. Spielerische Wahrnehmungsförderung für Kinder.* München

Lowenfeld, Viktor 1957: *Die Kunst des Kindes.* Frankfurt

Lowenfeld, Viktor 1960: *Vom Wesen schöpferischen Gestaltens.* Frankfurt

Lowenfeld, Viktor/W. Lambert Brittain 1982: *Creative and mental Growth.* New York

Lutz, Christian 1980: *Kinder und das Böse.* Stuttgart

Meyer, Helga 1996: *Papiermaché. Ideen und Techniken für kreatives Gestalten.* Bern

Michalski, Ute/Tilman Michalski 1991: *Werkbuch Papier.* Ravensburg

Michalski, Ute/Tilman Michalski 1995: *Basteln. Mit Holz, Papier, Wolle, Ton, Blech, Knete.* Ravensburg

Michalski, Ute/Tilman Michalski 1999: *Kunterbunter Bastelspaß. Kinderleicht basteln mit Holz, Papier, Knete und Filz.* München

Michalski, Ute/Tilman Michalski 2002: *Das Ravensburger Werkbuch Holz.* Ravensburg

Micklethwait, Lucy 1994: *Erste Wörter. Berühmte Bilder.* München

Milner, Marion 1988: *Zeichnen und Malen ohne Scheu. Ein Weg zur kreativen Befreiung.* Köln

Muhrbeck, Anette 2004: *Die Töpferwerkstatt für Kinder. Experimentieren und kreatives Gestalten mit Ton.* Hg. von Bostelmann, Antje/Thomas Metze. München

Pacovská, Kveta 1992: *grün rot alle. Ein Farbenspielbuch.* Ravensburg

Paetau Sjöberg, Gunilla 1995: *Filzen. Alte Tradition - modernes Handwerk.* Bern

Parramón, José M. 1993: *Der Maler und seine Farben. Eine Anleitung mit aktualisierter Farbenlehre.* Frankfurt

Parramón, José M. 1993: *Wie mische ich Farben richtig? Eine umfassende praktishce Untersuchung mit Öl- und Aquarellfarben und eine visuelle Studie mit fortschreitendem Schwierigkeitsgrad über die Kunst des Farbmischens.* Frankfurt

Pawlik, Johannes 1969: *Theorie der Farbe.* Köln

Pertler, Cordula M. 1992: *Kinder erleben große Maler. Modelle für Erzieher, Lehrer und Eltern.* München

Piaget, Jean 1969: *Nachahmung, Spiel und Traum.* Stuttgart

Piaget, Jean 1974: *Theorien und Methoden der modernen Erziehung.* Frankfurt

Piaget, Jean 1975: *Der Aufbau der Wirklichkeit beim Kinde.* Stuttgart

Piaget, Jean 1980: *Das Weltbild des Kindes.* Frankfurt u.a.

Piaget, Jean/Bärbel Inhelder 1976:

Die Entwicklung des räumlichen Denkens beim Kinde. Stuttgart

Puchner, Willy 2011:
Willy Puchners Welt der Farben. St. Pölten u.a.

Reichert, Edda 1994:
Batiken mit Naturfarben. Bern

Reuys, Eva/Hanne Viehoff 1991:
Feste kreativ gestalten. 1000 Ideen für Kindergruppen. München

Ringer, Angela 1994:
Marmorpapier. Nürnberg

Ruprecht, Hakon 1987:
Zeichnen. Das Erlebnis der Linie. Ein Handbuch. München

Saddington, Marianne 1992:
Papierkunst. Schöpfen – färben – gestalten. München

Schetty, Sylvia A. 1974:
Kinderzeichnungen - eine entwicklungspsychologische Untersuchung. Zürich

Schmid, Gregor 1986:
Mal- und Zeichenspiele in der Gemeinschaft. München

Schmögner, Walter 1976:
Das unendliche Buch. Frankfurt

Schmögner, Walter 1982:
Das Drachenbuch. Frankfurt

Schreibmayr, Marita 1997:
Mit Ton und Phantasie. Elementares

keramisches Gestalten mit Kindern. München

Schütz, Norbert 1990:
Die Raumdarstellung in der Kinderzeichnung. Essen

Schuster, Martin 1990:
Die Psychologie der Kinderzeichnung. Berlin

Schuster, Martin 1994:
Kinderzeichnungen. Wie sie entstehen, was sie bedeuten. Berlin u.a.

Schuster, Martin 2011:
Picasso kann jeder?! Kreativität im Alltag. Stuttgart

Schweppe, Helmut 1992:
Handbuch der Naturfarbstoffe. Landsberg

Seitz, Marielle 1997:
Urformen - Quellen der Phantasie. Einführung und Anregungen für die pädagogische Praxis. München

Seitz, Marielle 2001:
Schreib es in den Sand. Spielerisches Zeichnen zur Förderung von Konzentration, Feinmotorik und Bewegungskoordination. Schorndorf

Seitz, Marielle 2006:
Kinderatelier. Experimentieren, Malen, Zeichnen, Drucken und dreidimensionales Gestalten. Seelze

Seitz, Marielle/Ursula Hallwachs 1995:

Montessori oder Waldorf? Ein Orientierungsbuch für Eltern und Pädagogen. München

Seitz, Marielle/Wolfgang Löscher 2002: *Rudi Seitz. Ein Leben für die Phantasie.* München

Seitz, Marielle/Rudolf Seitz 1998:
Rot, Gelb, Blau und alle Farben. Grundlagen und Spielideen für die pädagogische Praxis. München

Seitz, Marielle/Rudolf Seitz 2009:
Kreative Kinder. Das Praxisbuch für Eltern und Pädagogen. Hg. und bearbeitet von Seitz, Marielle. München

Seitz, Rudolf 1983:
Ästhetische Elementarbildung. Ein Beitrag zur Kreativitäts-erziehung. Donauwörth

Seitz, Rudolf 1984:
Ich mach dich fröhlich. Kinder zeichnen, wie sie helfen können. München

Seitz, Rudolf (Hg.) 1984:
Spiele mit Licht und Schatten. München

Seitz, Rudolf (Hg.) 1991:
Masken. Bau und Spiel. München

Seitz, Rudolf 1991:
Schöpferische Pausen. Besinnen - genießen - da sein. München

Seitz, Rudolf 1992:

Seh-Spiele. Sinnovlle Früh-pädagogik. München

Seitz, Rudolf 1992:

Tast-Spiele. Sinnvolle Frühpädagogik. München

Seitz, Rudolf 1993:

Kunst in der Kniebeuge. Ästhetische Elementarerziehung. Beispiele, Anregungen, Überlegungen. München

Seitz, Rudolf 1993:

Zeichnen und Malen mit Kindern. Vom Kritzelalter bis zum 8. Lebensjahr. München

Seitz, Rudolf 1995:

Was hast du denn da gemalt? Wie Kinder zeichnen und was Eltern, Erzieherinnen und Lehrkräfte dafür tun können. München

Seitz, Rudolf 1998:

Phantasie und Kreativität. Ein Spiel-, Nachdenk- und Anregungsbuch. München

Seitz, Rudolf/Horst Beisl 1986:

Materialkiste. Anregungen zur ästhetischen Erziehung im Kindergarten. München

Seitz, Rudolf/Gabriele Forchheimer 1994: *Senioren sind kreativ. Anregungen und Modelle.* München

Seitz, Rudolf/Trixi Haberlander 1989:

Schule der Phantasie. Kinder und Künstler werken, malen, bauen, spielen. Ravensburg

Seitz, Rudolf/Münchner-Team 1994:

Kinderatelier. Malen, Zeichnen, Drucken, Bauen. Ravensburg

Senatsverwaltung für Jugend und Familie (Hg.) 1991:

Hundert Sprachen hat das Kind. Dokumentation einer Tagung über Reggio Emilia/Italien. Berlin

Smith, Keri 2011:

Wie man sich die Welt erlebt. Das (Kunst-) Alltagsmuseum zum Mitnehmen. München

Staudte, Adelheid 1977:

Ästhetisches Verhalten von Vorschulkindern. Eine empirische Untersuchung zur Ausgangslage für Ästhetische Erziehung. Weinheim u.a.

Strauss, Michaela 1988:

Von der Zeichensprache des kleinen Kindes. Spuren der Menschwerdung. Stuttgart

Stritzker, Uschi/Georg Peez/ Constanze Kirchner 2008:

Frühes Schmieren und erste Kritzel. Anfänge der Kinderzeichnung. Norderstedt

Van de Loo, Otto (Hg.). 2005:

Kinder. Kunst. Werk. Künstlerisches Arbeiten mit Kindern und Jugendlichen. Ein Handbuch. München

Vry, Silke 2008:

Die Farben in der Kunst entdecken. Forschen - Spielen - Verstehen. München

Wehlte, Kurt 1967:

Werkstoffe und Techniken der Malerei. Ravensburg

Widlöcher, Daniel 1974:

Was eine Kinderzeichnung verrät. Methode und Beispiele psychoanalytischer Deutung. München

Wölfel, Karin/Ulrike Schrader 1997: *Farbspiele mit Kindern. 41 verschiedene Farb-und Maltechniken für Kinder ab 2 Jahre.* München

Wüst, Ruth/Jürgen Wüst 1996:

Arbeiten mit Kunst in Kindergarten und Grundschule. Stuttgart

미 주

1 Auf der Homepage des Instituts www.seitz-kreativ.de kann sich der Leser über die verschiedenen Kursangebot informieren und findet dort auch die Kontaktdaten der verschiedenen Schulen der Phantasie und anderer kunstpädagogischer Einrichtungen, die sich mit dem Institut für Kreativität und Phantasie vernetzt haben.

2 Drevdahl, John E. 1968: Zitiert nach: Ulmann, Gisela (Hg.): Kreativität. Neue amerikanische Ansätze zur Erweiterung des Intelligenzkonzepts. Weinheim u.a. S. 68

3 Staudte, Adelheid 1993: Kreativität. In: Die Grundschulzeitschrift 68, S. 10

4 Vgl.: Guilford, Joy P. 1971: Kreativität. In: Mühle, Günther/ Christa Schell (Hg.): Kreativität und Schule (1970). München. S. 13-36.

5 Csíkszentmihályi, Mihály 1997: Kreativität. Wie Sie das Unmögliche schaffen und Ihre Grenzen überwinden. Stuttgart, S. 517f.

6 Ebd.: S. 208

7 Vgl.: Guilford, Joy P.: a. a. O. S. 13-36

8 Vgl.: Csíkszentmihályi, Mihály: a. a. O. S. 89-115

9 Lusseyran, Jacques 1983: Das wiedergefundene Licht. München. S. 24

10 Hardenberg, Georg Philipp Friedrich von, genannt Novalis, 1987: Die Lehrlinge zu Sais (1802). Bern. S. 13f.

11 Vinci, Leonardo da 1909: Traktat von der Malerei. Übersetzt von Heinrich Ludwig. Jena. S. 53

12 Spohn, Jürgen: Ich © Barbara Spohn 1992

13 Weeks, David/Jamie James 1997: Exzentriker. Über das Vergnügen, anders zu sein. Reinbek. S. 211f.

14 Weitere Informationen zu diesem Thema über www.seitz-kreativ.de

15 Spohn, Jürgen: O © Barbara Spohn 1992

16 Spohn, Jürgen: Schon mal © Barbara Spohn 1992

17 Maier Haid, Rose 1997: Zarter Hauch. In: Maier Haid, Rose: Gugigai. Friedberg. S. 201

18 Lückert, Heinz-Rolf 1957: Konfliktpsychologie. München. S. 39

19 Tournier, Paul 1948: Krankheit und Lebensprobleme. Basel. S. 147

20 Interview zwischen Professor Dr. Johannes Kirschenmann und dem Gründer der Fischer-Werke, Artur Fische. In: Kirschenmann, Johannes/Yvonne Marcuse 2009: Innovation und Kreativität in der Wirtschaft. In: KUNST+UNTERRICHT Nr. 331/332, S. 64

21 Vgl. Mühle, Günther/Christa Schell (Hg.): a. a. O. S. 108

22 Vgl. Zwicky, Fritz 1966: Entdecken, Erfinden, Forschen im morphologischen Weltbild. München u. a. S. 175

23 Alle hier abgebildeten Schülerarbeiten wurden im Rahmen des Kunstprojekts "Kann ohne Ka no ne" in der Kunstschule Rose Maier Haid durchgeführt. Informationen und umfangreiches Unterrichtsmaterial zu erhalten über www.kunstschule-friedberg.de

24 Nach: Ulmann, Gisela (Hg.): a. a. O. S. 142

25 Davis, Gary A.: Übung der Kreativität im Jugendalter. In: Mühle, Günther/Christa Schell (Hg): a. a. O. S. 110

26 Nach: Daucher, Hans/Rudi Seitz 1982: Didaktik der Bildenden Kunst. Moderner Leitfaden für den Unterricht. Grundschule - Hauptschule - Realschule - Gymnasium. Erstes bis zehntes Schuljahr (1970). München. S. 131f

27 Vgl.: E. Paul Torrance 1971: Die Pflege schöpferischer Begabung. In: Mühle, Günther/Christa Schell (Hg):

a. a. O. S. 187f.

28 Heyl, Thomas 2008: Mit Phantasie und Forschergeist. München. S. 115

29 Daucher, Hans/Rudolf Seitz: a. a. O. S. 106

30 Morath, Konrad/Robert Pestel/ Franz Josef Radermacher (1997): Robuste Pfade zur globalen Stabilität. In: Rothbucher, Heinz/Rudolf Seitz/Rosemarie Donnenberg: Ich und die anderen. Kinder und Erwachsene in der Konkurrenzgesellschaft. Salzburg. S. 115

31 Club of Rome (Hg.: Aurelio Peiccei) 1979: Das menschliche Dilemma. Zukunft und Lernen. Wien u. a. S. 11

32 Hörster, Detlef, in: Beuler, Kurt/ Detlef Hörster (1996): Pädagogik und Ethik. Stuttgart. S. 283f.

33 Ebd.: S. 286

34 Ebd.: S. 292f.

35 Rose Maier Haid, Zitat aus ihrer Rede anlässlich der Eröffnung der Ausstellung "Kann ohne Ka no ne" in Berlin im Rathaus Kreuzberg am 1. Dezember 1995

36 Maier Haid, Rose 1997: Ich kann dichten. In: Maier Haid, Rose: a. a. O. S. 202

이미지 출처

Die Bildnachweise werden im Folgenden nach den Inhabern des Copyrights geordnet aufgeführt, die Namen der Fotografen (F) finden sich im Klammern beim jeweiligen Bild, falls nicht alle Bilder vom selben Fotografen stammen.

Klax gGmbH (alle Fotografien von Barbara Dietl): S. 80 oben rechts, 89, 90 oben rechts, 107.

KLECKS Schule der Phantasie e.V. Wolfratshausen (alle Fotografien von Kerstin Vetter): S. 103 unten rechts, 134, 135 oben, 135 unten.

Kunstschule Pennello e.V. (alle Fotos von Pennello): S. 40 oben, 42 oben links, 42 oben rechts, 80 oben links, 80 oben Mitte, 96 oben links, 96/97 oben Mitte, 97 oben rechts, 97 unten, Rückseite des Buch-Umschlags: 1. und 2. Bild von links.

Kunstschule Rose Maier Haid: S. 7 unten (F: Rose Maier Haid), 16 (F: Rose Maier Haid), 17 (F: Rose Maier Haid), 23 oben (F: Marielle Seitz), 23 unten (F: Rose Maier Haid), 27 oben links (F: Rose Maier Haid), 28 oben (F: Marielle Seitz), 28 unten links (F: Rose Maier Haid), 28 unten rechts (F: Rose Maier Haid), 29 oben links (F: Rose Maier Haid), 29 oben rechts (F: Rose Maier Haid), 31 oben (F: Rose Maier Haid), 34 (F: Rose Maier Haid), 35 oben (F: Rose Maier Haid), 36 (F: Rose Maier Haid), 37 (F: Rose Maier Haid), 39 (F: Marielle Seitz), 43 (F: Rose Maier Haid), 44 unten (F: Fred Schöllhorn), 45 (F: Fred Schöllhorn), 46 unten (F: Rose Maier Haid), 48 oben links (F: Rose Maier Haid), 48 oben rechts (F: Rose Maier Haid), 52 oben (F: Rose Maier Haid), 52 unten (F: Rose Maier Haid), 60 oben (F: Sulamith Maier), 60 unten (F: Rose Maier Haid), 64 oben links (F: Rose Maier Haid), 64 Mitte links (F: Rose Maier Haid), 64 unten links (F: Rose Maier Haid), 67 Mitte (F: Rose Maier Haid), 67 unten (F: Rose Maier Haid), 69 unten (F: Fred Schöllhorn), 72 oben rechts (F: Fred Schöllhorn), 72 unten (F: Fred Schöllhorn), 73 unten links (F: Rose Maier Haid), 73 unten rechts (F: Rose Maier Haid), 77 (F: Rose Maier Haid), 84 oben links (F: Rose Maier Haid), 84 oben rechts (F: Rose Maier Haid), 84 unten links (F: Rose Maier Haid), 84 unten rechts (F: Rose Maier Haid), 85 oben links (F: Rose Maier Haid), 85 oben rechts (F: Rose Maier Haid), 85 unten links (F: Rose Maier Haid), 85 oben rechts (F: Rose Maier Haid), 86 unten (F: Rose Maier Haid), 92 (F: Marielle Seitz), 93 oben (F: Rose Maier Haid), 93 Mitte rechts (F: Rose Maier Haid), 93 unten rechts (F: Rose Maier Haid), 94 (F: Fred Schöllhorn), 95 oben rechts (F: Fred Schöllhorn), 98 unten links (F: Rose Maier Haid), 101 oben links (F: Rose Maier Haid), 101 oben Mitte (F: Rose Maier Haid), 101 oben recths (F: Rose Maier Haid), 101 Mitte rechts (F: Rose Maier Haid), 102 oben links (F: Rose Maier Haid), 102/103 oben Mitte (F: Hans Rätzer), 103 oben rechts (F: Hans Rätzer), 104 oben (F: Rose Maier Haid), 104 unten (F: Rose Maier Haid), 105 oben (F: Rose Maier Haid), 109 oben (F: Sulamith Maier), 109 unten (F: Rose Maier Haid), 111 oben (F: Rose Maier Haid), 111 Mitte (F: Rose Maier Haid), 111 unten (F: Rose Maier Haid), 117 oben (F: Rose Maier Haid), 117 Mitte (F: Rose Maier Haid), 117 unten (F: Rose Maier Haid), 118 (F: Rose Maier Haid), 120 (F: Sulamith Maier), 121 (F: Rose Maier Haid), 124 oben (F: Rose Maier Haid), 126 oben (F: Marielle Seitz), 127 (F: Rose

Maier Haid), 129 (F: Rose Maier Haid), 131 oben (F: Rose Maier Haid), 131 unten (F: Rose Maier Haid), 132 (F: Rose Maier Haid)

Phantasie Werkstatt Bogen: S. 88 (F: Dazi Tyroller).

Rudi-Seitz-Schule der Phantasie Diedorf: S. 18 unten (F: Bernhard M. Schmid), 26 oben (F: Bernhard M. Schmid), 26 unten (F: Bernhard M. Schmid), 33 unten (F: Bernhard M. Schmid), 47 oben links (F: Maria-Theresia Kugelmann-Schmid), 47 oben rechts (F: Bernhard M. Schmid), 50 Mitte links (F: Maria-Theresia Kugelmann-Schmid), 68 unten links (F: Bernhard M. Schmid), 69 oben (F: Bernhard M. Schmid), 70 oben links (F: Bernhard M. Schmid), 74 unten (F: Bernhard M. Schmid), 98 Mitte links (F: Bernhard M. Schmid), 99 oben (F: Bernhard M. Schmid), 100 oben links (F: Bernhard M. Schmid), 100 oben rechts (F: Bernhard M. Schmid), 112 oben (F: Bernhard M. Schmid), 114 (F: Bernhard M. Schmid), 122 oben (F: Bernhard M. Schmid), 123 oben links (F: Bernhard M. Schmid).

Schule der Fantasie Planegg und Martinsried: S. 18 oben (F: Martina Frick), 19 oben links (F: Martina Frick), 19 oben Mitte (F: Martina Frick), 19 oben rechts (F: Martina Frick), 27 oben rechts (F: Martina Frick), 31 unten (F: Martina Frick), 32 oben (F: Martina Frick), 38 (F: Martina Frick), 44 oben (F: Martina Frick), 46 oben (F: Martina Frick), 49 unten (F: Martina Stoesser), 50 unten links (F: Martina Frick), 51 oben (F: Martina Frick), 53 oben (F: Martina Frick), 54 oben (F: Martina Stoesser), 54 unten (F: Martina Frick), 55 oben links (F: Martina Frick), 55 oben Mitte (F: Martina Frick), 56 oben (F: Martina Frick), 58 oben (F: Sibylle Semlitsch), 58 unten (F: Martina Frick), 59 oben (F: Sibylle Semlitsch), 61 (F: Martina Frick), 62 (F: Martina Frick), 63 (F: Martina Frick), 65 oben (F: Martina Frick), 65 unten links (F: Martina Frick), 65 unten Mitte (F: Martina Frick), 71 (F: Brigitte Kräh), 78 (F: Martina Frick), 82 (F: Martina Frick), 86 oben (F: Martina Stoesser), 99 Mitte links (F: Sibylle Semlitsch), 99 Mitte rechts (F: Sibylle Semlitsch), 110 (F: Sibylle Semlitsch), 115 unten links (F: Martina Frick), 123 oben rechts (F: Martina Stoesser), 125 unten (F: Martina Frick), 126 unten (F: Martina Frick), 130 oben links (F: Brigitte Kräh), 130 oben Mitte/rechts (F: Brigitte Kräh), 133 unten (F: Martina Frick), Vorderseite des Buch-Umschlags: Schmetterling-Freisteller (F: Martina Frick); 1. Bild von rechts (F: Martina Frick); 3. Bild von rechts (F: Sibylle Semlitsch); 4. Bild von rechts (F: Martina Frick).

Schule der Phantasie Irsee (alle Fotografien von Flora Fassnacht und Peter R. Müller): S. 33 oben, 55 oben rechts, 65 unten rechts, 95 oben links, 95 unten rechts, 108 unten, 116 unten, 119, 122 unten, Rückseite des Buch-Umschlags: 1. Bild von rechts.

Schule der Phantasie Söcking e.V.: S. 108 oben (F: Andrea Burghardt).

Schule der Phantasie Traunstein (alle Fotografien von Daniela Niederbuchner): S. 68 oben links, 68 oben Mitte/rechts, 74 oben, 98 oben links.

Christoph Bergmann und Petra Stadler (Copyright/Fotografen): S. 90 oben links.

Gudrun Greger (Copyright/Fotografin): S. 66 oben links, 128.

Christiane Koenig (Copyright/Fotografin): S. 30 oben links, 30 oben Mitte, 30 oben rechts, 125 oben.

Christoph Matthias (Copyright/ Fotograf): S. 124 unten.

Christa Pilger-Feiler (Copyright/ Fotografin): S. 22, 53 unten, 72 oben links.

Berthold Schweiz (Copyright/ Fotograf): S. 49 oben.

Franziska Seitz: S. 41 unten links (F: Christa Pilger-Feiler), 59 unten (F: Franziska Seitz), 66 oben rechts (F: Franziska Seitz), 136 (F: Franziska Seitz).

Marielle Seitz: S. 10 (F: Marielle Seitz), 11 (F: Marielle Seitz), 13 (F: Franziska Seitz), 15 (F: Franziska Seitz), 35 unten (F: Rudolf Seitz), 57 unten links (F: Marielle Seitz), 57 unten rechts (F: Marielle Seitz), 67 oben (F: Rudolf Seitz), 68 Mitte links (F: Rudolf Seitz), 70 oben rechts (F: Rudolf Seitz), 70 unten (F: Marielle Seitz), 75 (F: Rudolf Seitz), 76 (F: Marielle Seitz), 79 (F: Marielle Seitz), 90 oben Mitte (F: Rudolf Seitz), 90 unten links (F: Rudolf Seitz), 90 unten rechts (F: Rudolf Seitz), 91 oben (F: Rudolf Seitz), 91 Mitte (F: Rudolf Seitz), 103 unten (F: Rudolf Seitz), 105 unten (F: Marielle Seitz), 106 (F: Marielle Seitz), 113 Mitte (F: Marielle Seitz), 113 unten (F: Marielle Seitz), 115 unten rechts (F: Marielle Seitz), 116 oben (F: Rudolf Seitz).

Carin Stoller (Copyright/Fotografin): S. 40 unten, 41 unten rechts.

Elke Tschorn (Copyright/Fotografin): S. 112 unten, 113 oben.

Herbert Ulrich (Copyright/Fotograf): S. 51 unten.

저자 소개

Marielle Seitz
현 독일 뮌헨 창의성과 교육 연구소 소장
　독일 뮌헨 미술대학교 강사

〈대표 저서〉
『몬테소리 혹은 발도르프(Montessori oder Waldorf)?』(Köesel, 1996)
『원형-판타지의 원천(Urformen-Quellen der Phantasie)』(Don Bosco, 1997)
『창의적 어린이(Kreative Kinder)』(Köesel, 2009) 외 다수

Rudolf Seitz
독일 뮌헨 미술대학교 총장 역임
독일 뮌헨 문화교육부 자문 역임
판타지 학교 창설

〈대표 저서〉
『판타지와 창의성(Phantasie und Kreativität)』(Don Bosco, 2001)
『나눔을 배우는 파랑(Vom Blau, das teilen lernte)』(Kallmeyer, 2001)
『빨강, 노랑, 파랑, 그리고 모든 색(Rot, Gelb, Blau und alle Farben)』(Don Bosco, 2008)

역자 소개

김정희(Kim Jeunghee)
독일 뮌헨 미술대학교 석사
독일 루드비히 막시밀리안 뮌헨 대학교 박사
현 경인교육대학교 미술교육과 교수

〈대표 저서〉
『미술 영재 이야기』(학지사, 2005)
『미술영재교육학』(공저, 학지사, 2011)
『미술교육과 문화』(3판, 공저, 학지사, 2012) 외 다수

김경순(Kim Gyongsoon)
독일 루드비히 막시밀리안 뮌헨 대학교 석·박사
국민대학교 초빙교수
현 인하대학교 교육대학원 겸임교수

〈대표 저서 및 논문〉
『바스락거리는 자연 꿈틀거리는 미술』(공저, 학지사, 2012)
「최근 독일의 성취 수준 중심 미술 교육 동향에 관한 연구」(2012)
「미술교육에서 정서 표현 교육을 위한 교수 학습 개념 연구」(2014) 외 다수

창의성 교육을 위한
판타지 학교
Schulen der Phantasie: Lernen braucht Kreativität

2016년 2월 15일 1판 1쇄 인쇄
2016년 2월 25일 1판 1쇄 발행

지은이 • Marielle Seitz · Rudolf Seitz
옮긴이 • 김정희 · 김경순
펴낸이 • 김진환
펴낸곳 • ㈜ **학지사**
          04031 서울특별시 마포구 양화로 15길 20 마인드월드빌딩
대표전화 • 02)330-5114   팩스 • 02)324-2345
등록번호 • 제313-2006-000265호

홈페이지 • http://www.hakjisa.co.kr
페이스북 • https://www.facebook.com/hakjisa

ISBN 978-89-997-0866-4 93370

정가 16,000원

인터넷 학술논문 원문 서비스 **뉴논문** www.newnonmun.com

이 도서의 국립중앙도서관 출판시도서목록(CIP)은 서지정보유통지
원시스템 홈페이지(http://seoji.nl.go.kr)와 국가자료공동목록시스템
(http://www.nl.go.kr/kolisnet)에서 이용하실 수 있습니다.
(CIP제어번호: 2016000585)

학지사는 깨끗한 마음을 드립니다

스턴버그가 들려주는
성공하는 학자가 되기 위한
암묵적 지혜

Robert J. Sternberg 저
신종호 역

2009년
신국판 · 양장 · 352면 · 13,000원
ISBN 978-89-93510-20-1 93180

교사를 위한
학습코칭

Jacquie Turnbull 저
이영만 역

2014년
크라운판 · 반양장 · 352면 · 17,000원
ISBN 978-89-997-0381-2 93370

'가르친다는 것'의 의미

Max van Manen 저
정광순 · 김선영 공역

2012년
4×6판 · 양장 · 144면 · 8,900원
ISBN 978-89-6330-888-3 03370

깊은 학습
지식의 바다로 빠지다

Kieran Egan 저
김회용 · 곽한영 · 김인용 · 김정섭 ·
유순화 · 윤소정 · 이동훈 · 임선주 공역

2014년
신국판 · 반양장 · 336면 · 13,000원
ISBN 978-89-997-0337-9 03370

상상력 교육
미래의 학교를 디자인하다

Kieran Egan 저
김회용 · 곽덕주 공역

2014년
신국판 · 반양장 · 352면 · 13,000원
ISBN 978-89-997-0336-2 03370

2판
PBL로 수업하기

최정임 · 장경원 공저

2015년
크라운판 · 반양장 · 296면 · 16,000원
ISBN 978-89-997-0778-0 93370

놀이를 활용한
신나는 교실 수업

노석구 · 서 혁 · 손민호 · 송상헌 ·
안규희 · 이강순 · 이경한 · 임미경 ·
최유현 · Ingrid Zwaal 공저

2006년
국배판 · 반양장 · 376면 · 18,000원
ISBN 978-89-5891-285-9 93370

아들러와 함께하는
행복한 교실 만들기

Rudolf Dreikurs ·
Bernice Bronia Grunwald ·
Floy C. Pepper 공저
전종국 · 신현숙 · 이동훈 ·
이영순 · 이승연 · 천성문 공역

2013년
4×6배판변형 · 반양장 · 520면 · 20,000원
ISBN 978-89-997-0129-0 93370

2판
담임이 이끌어 가는 학급상담

청주교육대학교 박성희 저

2009년
크라운판 · 반양장 · 344면 · 13,000원
ISBN 978-89-6330-155-6 93180

교사를 당황하게 하는 아이들 시리즈   978-89-997-0275-4 (set)

개정판
교사를 당황하게 하는 아이들 ❶
(대인관계 · 태도 편)

한영진 · 박미향 · 이정희 · 김민정 공저

2013년
4×6배판변형 · 반양장 · 440면 · 16,000원
ISBN 978-89-997-0276-1 04370

개정판
교사를 당황하게 하는 아이들 ❷
(학습 · 생활 편)

한영진 · 박미향 · 이정희 · 김민정 공저

2013년
4×6배판변형 · 반양장 · 408면 · 16,000원
ISBN 978-89-997-0277-8 04370

매직워드 77
-콕! 집은 선생님의 한마디
교실을 바꾼다-

한영진 · 박미향 · 이정희 · 김민정 공저

2014년
크라운판 · 반양장 · 592면 · 22,000원
ISBN 978-89-997-0365-2 03370

교육윤리 리더십
-선택의 딜레마-

Joan Poliner Shapiro ·
Jacqueline A. Stefkovich 공저
주삼환 · 정일화 공역

2011년
신국판 · 반양장 · 384면 · 15,000원
ISBN 978-89-6330-702-2 93370

교사 리더십

Ann Lieberman ·
Lynne Miller 공저
황기우 역

2009년
국판 · 반양장 · 208면 · 9,000원
ISBN 978-89-93510-29-4 93370

학교 변화와 혁신
-패턴, 원리, 당면과제-

Gene E. Hall · Shirley M. Hord 공저
양성관 · 손희권 · 박종필 · 이용운 ·
이경호 · 전상훈 · 윤수정 공역

2011년
신국판 · 반양장 · 544면 · 16,000원
ISBN 978-89-6330-567-7 93370

학지사는 깨끗한 마음을 드립니다

미술 영재 이야기

김정희 저

2005년
크라운판변형 · 반양장 · 256면 · 12,800원
ISBN 978-89-5891-053-4 03370

미술 용어집

김혜숙 · 이성도 · 김혜주 ·
윤자정 · 김성숙 · 김형숙 ·
김경순 · 이용일 · 김재영 공저

2006년
신국판 · 반양장 · 328면 · 15,000원
ISBN 978-89-5891-236-1 91370

바스락거리는 자연 꿈틀거리는 미술

김혜숙 · 이성도 · 김경순 ·
안정희 · 김성태 · 배여진 공저

2012년
크라운판변형 · 반양장 · 368면 · 17,000원
ISBN 978-89-6330-795-4 03370

교실에서의 창의성 교육

Ronald A. Beghetto ·
James C. Kaufman 편저
이경화 · 김명숙 · 김정희 · 김혜진 ·
박숙희 · 성은현 · 윤초희 · 이명숙 ·
최병연 · 태진미 공역

2014년
크라운판 · 반양장 · 632면 · 20,000원
ISBN 978-89-997-0490-1 93370

엉뚱한 생각
-창의성 함양을 위하여-

한국행동과학연구소 편저

2014년
신국판 · 반양장 · 304면 · 14,000원
ISBN 978-89-997-0441-3 03370

창의성과 발달

R. K. Sawyer · V. John-Steiner ·
S. Moran · R. J. Sterberg ·
D. H. Feldman · J. Nakamura ·
M. Csikszentmihalyi 공저
유연옥 역

2012년
신국판 · 반양장 · 416면 · 14,000원
ISBN 978-89-6330-944-6 93370

과학 창의성
-우연, 논리성, 천재성 그리고 시대정신-

Dean Keith Simonton 저
이정규 · 김왕동 공역

2011년
신국판 · 반양장 · 304면 · 14,000원
ISBN 978-89-6330-736-7 93370

창의성 평가
-검사도구의 이해와 적용-

James C. Kaufman ·
Jonathan A. Plucker ·
John Baer 공저
이순묵 · 이효희 공역

2011년
신국판 · 반양장 · 288면 · 14,000원
ISBN 978-89-6330-683-4 93370

교과교육에서 창의성의 이론과 실제

김성준 · 김판수 · 문대영 · 박수자 ·
소금현 · 손준구 · 양종모 · 이미식 ·
이영만 · 이용섭 · 정정순 · 정호범 공저

2010년
4×6배판변형 · 반양장 · 392면 · 17,000원
ISBN 978-89-6330-484-7 93370

토랜스의 창의성과 교육
-왜 높이 날려 하는가?-

E. Paul Torrance 저
충북대학교 이종연 역

2005년
4×6배판변형 · 반양장 · 472면 · 15,000원
ISBN 978-89-5891-193-7 03370

창의성
-그 잠재력의 실현을 위하여-

Robert J. Sternberg ·
Elena L. Grigorenko ·
Jerome L. Singer 편저
임 웅 역

2009년
크라운판 · 양장 · 328면 · 15,000원
ISBN 978-89-6330-077-1 93370

새롭지 않은 새로움에게 새로움의 길을 묻다
-창의를 만드는 네 가지 비법-

임 웅 저

2014년
신국판 · 반양장 · 288면 · 14,000원
ISBN 978-89-997-0388-1 03190

창의적 리더십
-변화를 이끄는 기술-

Gerard J. Puccio · Marie Mance ·
Mary C. Murdock 공저
이경화 · 최윤주 공역

2014년
신국판 · 반양장 · 528면 · 16,000원
ISBN 978-89-997-0482-6 03370

우리 아이의 상상력 죽이기

앤서니 에솔렌 저
김정희 역

2013년
크라운판 · 반양장 · 400면 · 17,000원
ISBN 978-89-997-0131-3 03370

글로벌 미래 인재를 위한 어린이 창의리더십 워크북

김동일 저

2013년
4×6배판 · 반양장 · 232면 · 13,500원
ISBN 978-89-997-0119-1 03370